现代工程建设复杂项目管理概论

何自华 编著 王惠敏 审

石油工业出版社

内 容 提 要

本书介绍了现代工程复杂项目管理策划与设计基础、工程建设项目管理发展趋势、项目群管理、风险管理基本原理、工程管理信息化和转型时期的文明冲突与管理融合等内容。同时介绍了复杂项目、管理理论与实际工作中的应用。

本书可供从事工程建设项目的管理人员以及工程建设项目的设计、采购、施工、监理等人员参考。

图书在版编目（CIP）数据

现代工程建设复杂项目管理概论/何自华编著.
北京：石油工业出版社，2010.12
ISBN 978-7-5021-7790-4

Ⅰ.现…
Ⅱ.何…
Ⅲ.基本建设项目－项目管理
Ⅳ.F284

中国版本图书馆 CIP 数据核字（2010）第 083462 号

出版发行：石油工业出版社
　　　　　（北京安定门外安华里2区1号　100011）
　　　网　址：www.petropub.com.cn
　　　编辑部：（010）64523583
　　　发行部：（010）64523620
经　　销：全国新华书店
排　　版：北京时代澄宇科技有限公司
印　　刷：石油工业出版社印刷厂

2010 年 12 月第 1 版　2010 年 12 月第 1 次印刷
850×1168 毫米　开本：1/32　印张：6.75
字数：185 千字

定价：56.00 元
（如出现印装质量问题，我社发行部负责调换）
版权所有，翻印必究

序　　言

随着国民经济的持续发展，统筹国内外资源、市场，以资源需求促进国际合作，以市场培育工程建设企业发展，以工程建设企业的发展保障核心业务的国际竞争优势，已成为科学发展的主题。项目大型化的影响，管理分工的出现，互联网信息化系统的应用，促进了项目管理向信息化管理流水线方向发展。统筹发展优势，合理配置资源，业主集约化，服务专业化，管理一体化，促进了工程建设企业向集团化、规模化和知识化方向发展。江河汇流，海纳百川，中国石油天然气集团公司（以下简称集团公司）能力建设，成为资源、市场和发展的基础。

中国国内的发展推动了国际合作，国际合作推动了集团公司由传统提升为以核心业务竞争能力为主，转变为以提升核心业务与工程建设企业竞争能力并举的方针。培育集团公司专业化工程建设企业的核心竞争能力，成为集团公司的重要任务，也是造就集团公司国际核心竞争能力的源泉。集团公司决定推行"业主＋PMC＋EPC"工程建设管理模式，是深刻认识到国内国际竞争形势，如果没有一流的具有竞争能力的专业化工程建设队伍，就难以实现统筹国内外资源，统筹国内外市场的战略目标，只有不断提升工程建设企业的服务竞争能力，逐步打造一流的PMC、EPC服务队伍，才能适应国际业主的需求。实践证明，传统的工程建设模式难以培育出具有国际竞争能力的一流工程建设企业，转变传统工程建设管理模式，是形势所迫，是大势所趋，是适应国际竞争的需求。集团公司所属企业，无论是项目业主，还是工程建设企业，都应服务于集团公司的总体目标，积极转变经济发展方式，培育企业核心竞争优势，促进集团公司核心业务的竞争能力与工程建设企业的竞争能力平衡发展。

　　以科学规律指导的实践是理性的实践，在转型时期，应大力弘扬理论研究，不断探索转型时期的发展规律，以发展促进理论研究，以理论研究成果的推广应用，促进科学发展和快速发展。理论成果的推广应用是促进和保持企业发展活力的根本动力，只有从战略的高度，认识发展与科学发展的关系，通过积极交流，提升理论认识，通过提高理论认识，促进观念转变，才能摆脱传统经验的约束，才能以更加理性的思维方式应对未来，抓住发展机遇，不断提升企业的核心竞争能力和市场占有率。集团公司所属企业，转变传统管理模式，应把制度转变与观念转变相结合，认真研究和总结工程建设管理规律，以科学规律促进观念转变，以先进观念促进制度建设。现代工程建设复杂项目管理的研究是在工程建设项目管理领域进行了深入探索的基础上，发现了控制权与监督权的伴生关系和控制权与监督权的三角形关系，提出了项目管理的五项原则，项目管理策划与设计的基本原理和以成功为目标的风险管理理念等一系列管理理论，对于推动观念转变，促进制度建设必将起到积极的示范作用，为"业主＋PMC＋EPC"管理模式的推广应用提供了理论依据。

　　希望广大工程建设者，不断吸收新技术，总结新经验，努力提高工程建设水平，为国家能源安全作出更大贡献。

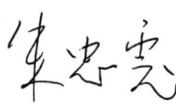

前 言

科学与技术的发展，管理与技术相结合，项目大型化的影响，推动了工程建设项目管理向一体化、专业化、信息化和全球化方向发展。以业主为核心，业主利益至上的传统管理，向发扬优势、分散风险、彼此约束、互利共赢的平衡管理方向发展。PMC、EPC 的出现，项目管理呈现出系统化、网络化、节点化、标准化、程序化和信息化的特点，使得简单项目管理模式的方法，难以满足复杂管理模式的需要，为此，必须统筹管理节点内部管理和关联管理节点的过程管理。

项目过程管理应遵循控制依权、监督依势、确认依规、协调依情、考核依约五项基本管理原则。合同的签订，意味着控制权的分解，随着控制权的分解，伴随监督权的产生，控制权与监督权呈现出三角形关系，正确理解控制权与监督权，是理顺管理体制、机制的核心。

项目管理有其内在的规律性，利用项目管理的规律开展项目管理策划与设计，有利于创造和谐管理，提升各方的责任意识。项目管理策划与设计的基本原理是：主体责任唯一性原则，亲属相隐原则，组织独立与协同原则，系统优化原则，管理次层与效率效益原则，授权与控制平衡原则，项目协调与工作清单一致性原则，绩效考核与进度款支付一致性原则。通过项目管理策划与设计，实现管理要素的合理分配与组合，达到有效配置资源，合理分配利益，提高整个项目的运行效率与效益的目的。

现代工程项目管理是以成功为目标的管理，不利的风险是影响项目成功的最大不利因素，识别出在项目实施过程中出现的不符合项管理，有利于提高各方认清责任，并履行责任。不符合项遵循本位管理原则、主体责任管理原则、系统化原则、明示管理原则和反馈管理原则，通过五项原则的考核，分清监督、控制和执行的责任，调动监督方"逢错必报"，控制方"有错必纠"，执行方"知错必改"的积极性，在项目实施过程中不断化解风险，促进管理和谐。交流培训有利于积极防范风险，绩效考核有利于积极削减风险，通过多种管理途径，防患于未然，确保参与单位的成功，确保工程项目的成功。

现代工程管理的网络结构，为工程网络信息化管理提供了发展机遇，正如传统小规模式生产方式向大规模流水线生产方式转变一样，现代工程管理就是互联网信息化流水线式的管理。管理不再只依赖于面对面的交流，信息管理系统使项目管理超越了传统的管理时空，管理工作更加独立，过程可以追塑，责任更加分明。

对事物发展规律的认识有一个不断深入的过程，经验与现实的变革，就如同"刻舟求剑"，舟有舟之理，剑有剑之说，在转型时期，加强理论研究，以科学理论指导生产实践，有利于削减风险，推动业主＋PMC＋EPC模式的深入开展。

由于水平有限，难免有不妥之处，恳请读者提出宝贵意见，以便进一步修改完善。

编　者

目　　录

第1章　工程建设项目管理概述 …………………… 1
1.1　"卫人嫁女"与成功目标 ………………………… 1
1.2　和尚、庙与责任 …………………………………… 4
1.3　责任与理性 ………………………………………… 6
1.4　责任与管理体系 …………………………………… 8
1.5　项目管理要素的定义和分类 ……………………… 10
1.6　简单项目管理与复杂项目管理 …………………… 15
1.7　现代工程项目管理特征 …………………………… 18
1.8　工程管理的关键要素与本位管理 ………………… 21
1.9　项目管理的五项基本原则实现管理节点之间的对接 ……
………………………………………………………… 28

第2章　复杂项目管理策划与设计基础 ……………… 75
2.1　项目管理策划与设计的目的和意义 ……………… 75
2.2　复杂项目管理策划与设计的基本原则 …………… 77
2.3　复杂项目管理策划与设计的验证 ………………… 106
2.4　复杂项目管理案例分析 …………………………… 113
2.5　复杂项目管理策划与设计的步骤 ………………… 119

第3章　工程建设项目管理发展趋势 ………………… 120
3.1　概述 ………………………………………………… 120
3.2　项目管理服务方式 ………………………………… 121
3.3　典型项目管理模式及其变迁 ……………………… 124
3.4　工程建设项目管理的发展方向 …………………… 139

第4章　项目群管理 …………………………………… 143
4.1　传统设计、采购、施工模式与业主＋PMC＋EPC模式下

的工作阶段划分 …………………………………………… 143
　4.2　业主 + PMC + EPC 模式过程管理…………………… 149
　4.3　项目群管理 ……………………………………………… 158
第5章　风险管理基本原理 ……………………………………… 164
　5.1　现代工程管理的风险性 ………………………………… 164
　5.2　已识别的不符合项管理 ………………………………… 168
　5.3　已识别风险应急管理 …………………………………… 169
　5.4　不符合项过程管理原则 ………………………………… 170
　5.5　不符合项数据统计与分析 ……………………………… 176
　5.6　交流培训与风险防范 …………………………………… 177
　5.7　绩效考核与风险削减 …………………………………… 177
第6章　工程管理信息化 ………………………………………… 178
　6.1　工程管理信息化概述 …………………………………… 178
　6.2　工程管理信息化支撑现代工程管理体系 ……………… 180
　6.3　信息化推进管理节点的独立性 ………………………… 183
　6.4　信息化提高复杂项目管理的适应性 …………………… 186
　6.5　工程管理信息化基本构架 ……………………………… 187
第7章　转型时期的文明冲突与管理融合 …………………… 191
　7.1　合同授权的冲突与融合 ………………………………… 191
　7.2　管理效果与效率的冲突与融合 ………………………… 195
　7.3　不符合项管理的冲突与融合 …………………………… 198
　7.4　传统管理观念与信息化管理观念的冲突与融合 ……… 199
　7.5　PMC、EPC 兴起与管理博弈…………………………… 200
　7.6　施工监理模式与 EPC 的冲突，PMC 管理的优势 …… 204
　7.7　总结、交流、培训和考核是解决冲突，促进管理融合的
有效方法 …………………………………………………… 206

第 1 章

工程建设项目管理概述

在市场经济条件下,企业为了追求自身利益和未来的成功,不断扩大生产规模和优化项目管理,推动了工程建设领域向项目大型化和管理杂复化方向发展。国外工程建设管理发生了深刻的变化,PMC、EPC 管理模式在工程建设领域的比重已超过了传统管理模式,成为工程建设领域的主流。随着中国国民经济的快速发展,国内工程建设领域正在发生深刻变化,设计、施工、监理、开发等企业重组正在深入开展,PMC、EPC 管理模式正在悄然兴起。正确认识现代工程管理的复杂性,建立适应现代工程建设的项目管理体系,是解决现存管理模式与业主 + PMC + EPC 模式冲突的根本途径。

1.1 "卫人嫁女"与成功目标

如果把传统项目管理目标视为基本目标,那么,现代工程管理目标就是在传统项目管理目标的基础之上,增加了一个增值目标,参与工程建设的各方,对增值目标的追求,改变了传统项目管理的格局(图1-1)。现代工程技术与管理越来越复杂,技术与管理的进步取决于业主的支持和 PMC、EPC 以及 EPC 分包商努力,只有把追求成功作为管理目标,才能适应现代工程管理需要。

业主把 PMC、EPC 以及 EPC 分包商的成功作为行动目标并努力推动,通过不断提升 PMC、EPC 以及 EPC 分包商的水平和能力,

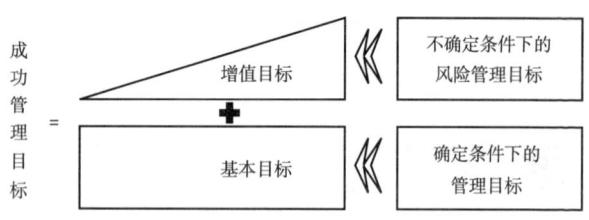

图1-1 现代工程管理目标

确保工程建设的成功;成功的 PMC、EPC 以及 EPC 分包商,也为业主提供优质的服务,为业主未来的发展注入新的活动,使业主不断走向成功。业主是 PMC、EPC 以及 EPC 分包商发展的基础,PMC、EPC 以及 EPC 分包商是业主发展的动力,片面追求单方利益最大化,都不利于工程成功目标的实现,更不利于各方未来的发展。

《韩非子》中有一个典故:卫人嫁其女而教之曰:必私积聚,为人妇而出,常也。其女因私积聚,其姑以为多私而出之。其女所以反者,倍其所以嫁。其父不自罪于教女非也,而自知其益富。

在韩非子这个典故中,提出了嫁女的目的是为了追求个人利益,还是为了追求女儿成功,是追求一次性利益,还是追求长远利益的命题。从事工程建设服务的 PMC、EPC 及其分包商,追求各自合法利益是必然的选择,追求业主的成功,追求 PMC、EPC 及其分包商的成功,是从事工程建设服务的根本目标。传统项目管理中,把追求各自利益最大化作为管理目标,正如"卫人嫁女",既不利于业主的发展,也不利于 PMC、EPC 及其分包商的发展。只有把成功作为目标,才能结合现实,把项目建设与团队建设相结合,作出符合客观需求的选择。因此,现代工程管理是一门探讨理性与成功的管理科学。

成功的多目标性,造成了追求成功的风险性,"卫人之女"只关注自身成功,没有关注家庭成功,最终由于偏离成功核心目标,而被休回家。在项目实施过程中,例如,常常有受到各方表扬的监理人员,由于事故的连带责任,而被要求离开项目。究其原因,各方评价其好,是因为工作积极主动,当积极主动的行为超过监理规定的工作范围时,监理人员的主动就使承包商由主动变为被动,监理人员的超范围管理,承包商就削减自身管理范围,当监理人员的工作范围扩展到力不能及,而承包商的工作范围也往往削减到放任自流时,事故就爆发了,工作积极主动的监理人员也就被休回了家。如果没有认清成功的核心目标,尽管工作积极主动,也不一定能够实现最终的成功目标。认清工程建设成功的核心目标,是迈向成功的关键一步。

工程建设项目目标体系主要包括两个部分,即过程管理目标和工作成果目标,在传统项目管理过程中,由于管理层次简单,工程建设项目目标体系一般设置为工作成果目标,即工程建设目标。

随着项目管理复杂程度的增加,参与人员的责任意识和工作质量,对工程建设目标的实现有着决定性的影响。业主认清责任与履行责任是一个建设项目成功的关键,是源于自身的管理和PMC、EPC 的积极协调作用。PMC 认清责任与履行责任是一个建设项目成功的重要保障,是源于业主的管理与 EPC 的协调。EPC 认清责任与履行责任是一个建设项目成功的根本,是源于业主和PMC 的管理、EPC 分包商的协调。EPC 分包商认清责任与履行责任是一个建设项目成功的基础,是源于 EPC 的管理(图 1-2)。

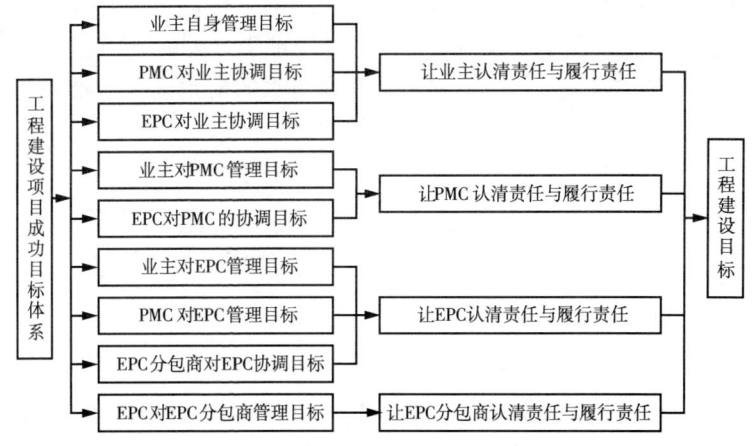

图 1-2　工程建设项目成功目标体系

"卫人之女"之所以被休,是因为过程没有认清与履行成功核心目标责任。工程建设的每一个责任事故,都是参与工程建设的某一成员为了局部利益,而放弃了对成功目标的追求。为确保项目的成功,培育每一个参与工程建设者的责任意识与理性思维是迈向成功的基础。

1.2 和尚、庙与责任

一个和尚挑水吃,两个和尚抬水吃,三个和尚没水吃,是一个关于责任的古老命题。责任包含了三个方面含义:第一是义务,即份内应做的事;第二是过错,即未能做好份内之事,导致的过错或过失;第三是不利后果,因未能做好份内之事所引发的不利后果。

水是每个和尚之所需,分配一个和尚做一件事效率为100%,分配两个和尚做一件事,每个和尚的效率为50%,分配三个和尚做一件事,每个和尚的效率为0,为什么三个和尚做一件事没有效率?

首先,三个和尚都希望有水喝。弄水喝是每一个和尚应尽的义务,但是其中的每一个和尚,都不希望比其他和尚为了喝水而付出更多。在责任均衡情况下,缺乏相应分配机制,缺乏竞争环境与动力,必然导致低效管理。

现实生活中责任的复杂性,导致管理的多样性,现实生活中责任的规律性,导致管理的逻辑性,当责任难于分配时,就需建立相应的管理机制(图1-3)。如果把和尚与水的命题进一步推演,在市场机制情况下,管理是造就优势的重要途径。

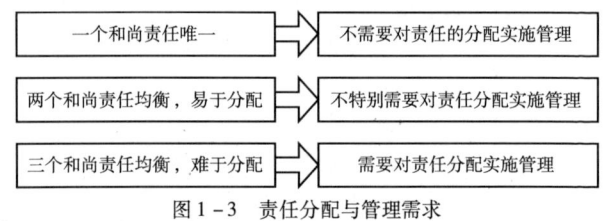

图1-3 责任分配与管理需求

命题之一:在两座相邻的庙中住着A、B、C、D四个和尚,其中,A独住甲庙,B、C、D合住乙庙,如果只有一套取水工具,最有可能获得水的是谁?

B、C、D 三个和尚在缺乏有效管理的前提下,获取水的优势低于 A,因此,A 最有可能获得水。

命题之二:在三座相邻的庙中住着 A、B、C、D、E、F 六个和尚,其中,A 独住甲庙,B、C 合住乙庙,D、E、F 合住丙庙,如果只有一套取水工具,最有可能获得水的是谁?

不同的措施可能导致不同的结果,如果 A 负出的代价是 100%,B 与 C 负出的代价各为 60%,共为 120%,D、E、F 负出的代价各为 20%,共为 60%,那么,获得水的是 B 与 C。

命题之三:在三座相邻的庙中住着 A、B、C、D、E、F 六个和尚,其中,A 独住甲庙,B、C 合住乙庙,D、E、F 合住丙庙,如果有两套取水工具,最有可能获得水的是谁? 如果加上管理因素,就是一个复杂的选择问题。

不同的组合,不同的管理方式,往往会造就不同的优势,现代工程管理是在不同组合下的竞争管理,通过竞争,激发自身积极性,加强自我约束,提高管理的效率与效果,达到有效配置资源,合理分配利益的目的(图 1-4)。

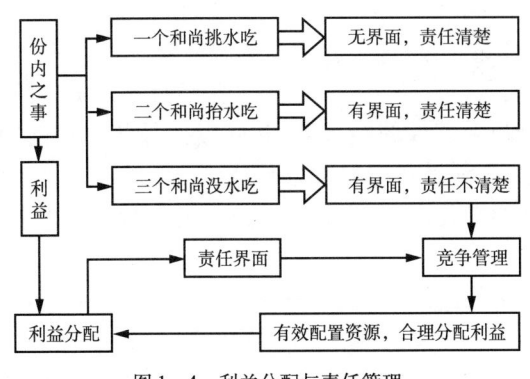

图 1-4 利益分配与责任管理

现代工程规模越来越大,参与单位越来越多,管理越来越复杂,要实现有效的管理,必须以责任为核心,建立激励和约束机制,才能确保一个项目管理机构适应环境,不断创新,才能推动工程建设顺利进行。

1.3 责任与理性

关于人的责任主要有三个概念,一是对自己的责任,二是对他人的责任,三是共同的责任。对自己的责任就是通过自己的行为,使自己承担义务、过错和不利后果;对他人的责任就是通过自己的行为,承担对他人的义务、过错和不利后果,也就是自己的行为对他人造成的影响;共同的责任往往就是除去自己的责任,除去他人的责任,即除去人的责任,没有人为一项工作承担义务、过错和不利后果,共同责任往往会始于事不关己,当事到临头时,又难以保护自己,难以对自己负责。

一个人、一个管理机构,主要包含责任的两个方面,一是对自己的责任,再是对他人的责任,是对自己的责任和对他人的责任的统一。一个人、一个管理机构,当缺乏对自己的责任时,不会自觉地去维护对自己的责任,不会尽职尽责地去履行对自己的责任,寄希望于为不劳而获,或者他人来履行职责,这种思想,一旦被利用,会极力迷信共同责任。一个人、一个管理机构,当缺乏对他人的责任时,为了追求自身利益,极力宣扬共同责任,不择手段地引诱他人,损害他人利益。缺乏对自己的责任和对他人责任的个体,往往会产生一个缺乏理性的组合体,共同责任是产生混乱的根源。三个和尚没水喝,就是三个和尚都不愿意履行对他人的责任,也没有履行对自己的责任,从而去掉了人的责任,导致集体非理性,结果没有水喝。

管理分工的出现,造成了责任的复杂性。《韩非子》中有一典故:韩昭王醉酒,和衣而睡,掌帽的担心他着凉,拿衣服盖在他身上,韩昭王醒后说:"谁替我加盖衣服",左右说:"是掌帽的"。有四个答案供韩昭王的选择,即:

A. 奖励掌帽的,惩罚掌衣的

B. 惩罚掌衣的,对掌帽的不惩罚

C. 奖励掌帽的,对掌衣的不惩罚

D. 惩罚掌帽的,也惩罚掌衣的

韩昭王选择了答案 D,惩罚掌帽的,也惩罚掌衣的。原因是掌衣的失职,掌帽的越位,韩昭王认为侵官之害甚于寒。

对这则典故可以进行表 1-1 的责任分析:

表 1-1 韩昭王、左右、掌衣和掌帽责任分析表

人物	职责	事件(一)	事件(二)	事件(三)	责任
韩昭王	控制	韩昭王醉酒,和衣而睡	谁替韩昭王加盖衣服	韩昭王实施处罚	对他人尽责,对自己尽责
左右	监督	看到掌帽的拿衣服盖在韩昭王身上	左右报告说是掌帽的	尽了监督义务,没有过错,没有不利后果	对他人尽责,对自己尽责
掌衣	执行	没有尽拿衣服盖在韩昭王身上的义务	过错是缺位	不利后果是接受处罚	没有对他人尽责,没有对自己尽责
掌帽	执行	拿衣服盖在韩昭王身上,履行了别人的义务	过错是越位	不利后果是接受处罚	只对他人尽责,没有对自己尽责

防止韩昭王着凉是掌衣的份内工作,而不是掌帽的份内工作,为什么掌帽的会觉得自己有责任呢?源于掌衣与掌帽的都服务于韩昭王,做好服务是他们共同的责任,同时,掌帽的由此扩大了自己的责任范围,从而造成工作界面的混乱。同样,共同责任是混乱的根源,使人的责任变得虚无。因此,在项目管理过程中,应避免产生共同责任,理性地去完成对自己、对他人的责任,理顺各种管理关系。

1.4 责任与管理体系

韩昭王的管理之所以能够进行,是因为建立控制、监督、执行三种责任分离的管理体系(图1-5)。如果监督环节不出现问题,执行环节存在的问题,可以通过监督环节反馈至控制环节,由控制环节对执行环节实施有效的管理。

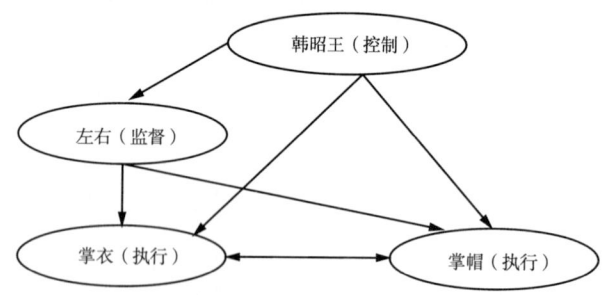

图1-5 韩昭王控制、监督、执行三种责任分离管理体系

管理体系在运行过程中发生变易,或者责任设置不合理,均有可能使控制职能不能有效发挥。如果把韩昭王这一命题进行修改,就可能产生不同的答案。

命题:韩昭王醉酒,和衣而睡,左右的担心他着凉,拿衣服盖在他身上,韩昭王醒后说:"谁替我加盖衣服"。左右不同的回答,会导致韩昭王不同的行为,会导致掌衣的产生不同的选择(图1-6)。

左右的选择答案	A.是左右加盖的
	B.是掌衣加盖的
	C.是左右让掌衣加盖的
	D.是掌帽加盖的

掌衣的选择答案	A.感谢左右,下不为例
	B.感谢左右,但继续为之
	C.不感谢左右,但下不为例
	D.不感谢左右,继续为之
	E.威胁左右,继续为之
	F.左右也有照料的共同责任

图1-6 多重选择与管理博弈

对以上这一命题分析如下:

左右选择对掌衣与掌帽选择的影响分析:

从表1-2可以看出,左右保护他人而选择越位,不仅没有让自己占优势,反而让自己占劣势,其原因是掌衣的可以继续缺位,左右不得不继续越位,由于左右的越位,使得韩昭王建立的管理体系,不能有效运行。

表1-2 左右选择与掌衣和掌帽选择分析表

序号	左右选择	过错	不利后果	后续影响	选择优劣
1	左右加盖的	越位	左右越位处罚 掌衣缺位处罚	左右不越位 掌衣不缺位	左右不占优势 掌衣不占优势
2	掌衣加盖的	保护自己	左右、掌衣免于处罚	掌衣继续缺位 左右继续越位	左右的选择使掌衣的占优势,左右占劣势
3	左右让掌衣加盖的	越位	左右越位处罚 掌衣缺位处罚	左右不越位 掌衣不缺位	左右不占优势 掌衣不占优势
4	掌帽加盖的	损害他人	掌帽越位处罚 掌衣缺位处罚	生产人际矛盾	左右占劣势

如果左右选择了"掌衣加盖的",掌衣的可作如下选择:

表1-3 掌衣选选的优劣势分析

序号	掌衣选择	选择优劣	选择分析
1	感谢左右,下不为例	最劣选择	
2	感谢左右,继续为之	次优选择	
3	不感谢,下不为例	次劣选择	
4	不感谢,继续为之	次优选择	
5	威胁左右,继续为之	次劣选择	以威胁手段,一旦左右认识到对自己责任,掌衣就处于劣势
6	左右也有照料的共同责任	最优选择	以共同责任为由,逃避对他人责任

监督层的非理性选择和执行层在监督层非理性选择条件下的最优选择,再好的管理体系,也难以达到应有的效果。管理体系的设置应符合规律,控制层不应根据监督层非理性选择导致的结果和执行层在监督非理性情况下,构建管理体系。现行的旁站监理制度,实际上就是监理越位,导致承包商以共同责任为名,做出的有利于承包商的选择,组织构架应根据推理而非各方感受做出,只有这样才能够使设置的管理体系在一定的约束下得以有效运行。

1.5 项目管理要素的定义和分类

设计、采办、施工、投产、验收分阶段管理模式是将上一阶段的成果,作为下一阶段的输入,这种管理模式界面简明清晰,项目实施过程中的不确定性小,决策风险小。但是,由于每一个阶段的工作独立,项目优化可能性小,执行周期长,对于大型项目来说,此种组织方式很难满足项目的需要。工作独立使项目管理者关注的重点是组织内部,随着工程项目大型化方向发展,设计、采办、施工、投产、验收出现了交叉,项目管理者不仅要关注组织的内部,更要关注组织之间的协调与合作,才能保证项目有效运行。

1.5.1 项目管理要素的定义

组织就是为了使系统达到一定目标,经各部门分工与协作以及设置不同层次的权力和责任制度而构成的有机整体,项目管理组织就项目承担单位为保证项目目标实现而设置的组织,根据承担工作内容和职责,国内工程参与项目管理组织(以下简称"参与组织")有业主、设计、施工、监理等单位。参与组织是项目管理的基本单元,国内现有项目管理以此为基础和出发点,着重讨论了项目管理组织结构的设计原则、应关注的问题和建立步骤,以及工程建设领域采用的不同项目管理模式。

美国项目管理协会把项目管理分为五个过程,即启动过程、计划过程、执行过程、控制过程和收尾过程。这五个过程之间的联系如图1-7所示。

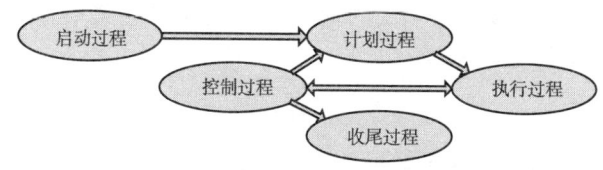

图1-7 项目管理过程

不同阶段之间的相互联系是上阶段的成果,作为下一阶段的输入,这种相互联系如图1-8所示。美国项目管理协会没有讨论参与组织如业主、项目管理单位等对每一阶段的影响,项目管理研究的范畴仍然限制在组织内部。

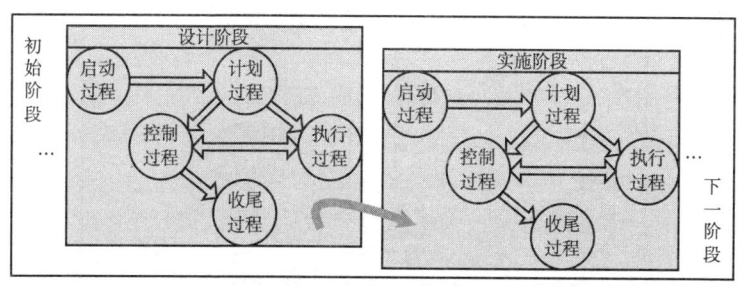

图1-8 项目管理过程中两个阶段之间的相互关系

管理就是决策,参与项目管理组织在项目实施过程中的决策权力与任务内容组合形成了最小管理单元(图1-9所示的计划、执行、检查、监督、控制等),由此产生了最小成果单元(图1-9所示的阶段成果、检验合格产品、整改项目等),这些最小管理单元和成果单元在项目管理过程中构成了整个管理系统的节点,最小管理单元称管理节点,最小成果单元称为成果节点。深入研究这些节点以及节点之间、节点与外部组织、节点与外部节点之间的具体联系,对于复杂项目管理模式的建立、实施及评估具有重要的意义。根据系统工程方法,把这些管理节点和成果节点,称之为项目管理要素。项目管理要素的集合,构成了项目管理组织内涵,即项目管理组织是项目管理要素的集合,没有项目管理要素的组织是无效的项目管理组织。不同参与组织项目管理要素之间通过映射

建立联系,不同参与组织之间通过合同建立对应关系。两个组织之间的联系可以表示为:

$$y = f(x)$$

式中 $x \in A$,A 组织中的要素为 $a1, a2, a3, \cdots$,$A = \{a1, a2, a3, \cdots\}$;
$y \in B$,B 组织中的要素为 $b1, b2, \cdots$,$B = \{b1, b2, \cdots\}$;
f 为 B 组织与 A 组织由合同建立的对应关系。

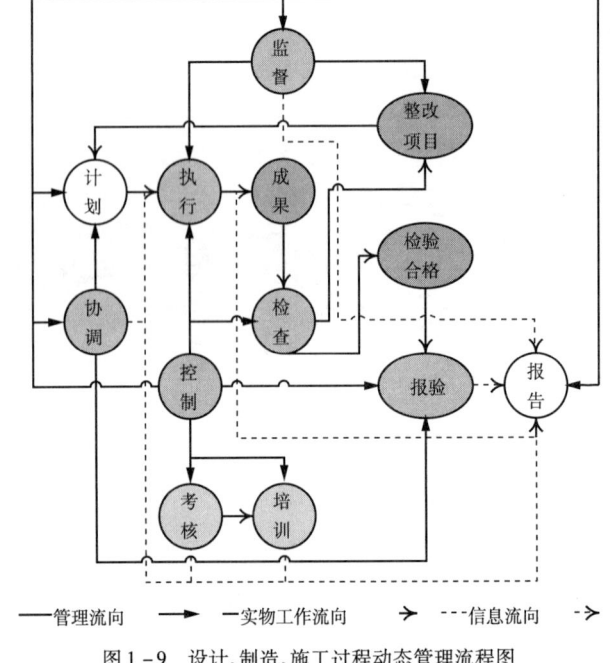

图 1-9 设计、制造、施工过程动态管理流程图

1.5.2 项目管理要素的分类

根据系统工程方法,把项目管理要素分为过程动态管理要素、过程系统管理和系统共性管理要素三类。过程动态管理要素是指一个组织完成一项具体任务需要经过的管理节点,这些管理要素在组织内部和组织之间具有独立性,如图 1-9 中,协调、执行、监

督、检查、报验、控制等;过程系统管理要素是指一个项目参与组织之间具有一定关联性的项目管理要素,这些管理要素受整个项目的影响,同时,影响整个项目,如图1-9中,计划、报告等;系统共性管理要素是指一个项目各组织具有的共性管理要素,可以通过项目管理要素重组,一是进行系统整合,将下级共性要素归并到上级统一管理,减少管理层次,提高工作效率,二是进行标准化管理,增加要素之间的依存和协作关系,避免要素之间的竞争,而造成管理混乱(图1-9)。

项目管理过程中,重点研究对象是过程动态管理要素、过程系统管理要素和系统共性管理要素。

设计单位项目管理组织可表示为:

设计单位={协调,计划,执行,监督,检查,报验,控制,考核,报告,培训}

即设计单位项目管理组织所涉及的项目管理要素构成了设计单位项目管理组织集合。制造、施工单位项目管理组织也可类似表示。

分析项目管理要素之间的关系,信息需求和流向,评价项目管理的完整性和可靠性。解决项目管理过程中,项目管理组织之间衔接不当,责任不落实,管理不到位而产生的管理矛盾和失误,并根据项目管理组织之间的衔接方式,确定项目管理架构。

1.5.3 内部管理、项目管理与过程管理

现代工程管理的复杂性和开放性,项目管理组织的出发点不应停留在组织结构上而应关注管理节点,项目管理组织并不存在唯一正确或普遍适用的设计,每一个组织都必须围绕着适合本身的使命和战略的关键活动予以设计。管理的定义应是开放性的,应以管理的活动和目标为导向,即管理是指已识别出的各种关键要素的集合。

内部管理={计划,组织,领导,控制,协调,……}

项目管理={质量,进度,投资,HSE,信息,……}

过程管理 = {计划,执行,控制,监督,确认,……}

内部管理是一个组织建立的基础,项目管理解决了从事工程项目管理的人员应具备的知识,过程管理是为了解决组织之间的联系。内部管理、项目管理和过程管理是现代工程管理密不可分的三个方面。

管理与控制是项目管理过程中的重要概念,正确理解管理与控制的概念,对于推动项目管理具有重要的意义。管理与控制之间的关系可以有两个方面解释:

解释一:控制是管理的一个要素,即管理是一个集合,控制是管理中的一个要素,控制 $\in$ 管理。控制是管理的组成部分之一,只有管理中有唯一的控制要素时,管理 = {控制}。

解释二:管理包含了控制,即管理是一个集合,控制是管理的一个子集,即管理 $\supset$ 控制。在一个独立的管理体系中,管理 > 控制,而独立体系中的某一组织如 A:管理 $\geq$ 控制,只有管理中有唯一的控制要素时,管理才等于控制,即根据权限划分,对某一组织或组织中的某一成员仅赋予控制职责时,A = {控制}。常见的"管理和控制"的说法是不正确的。

质量、进度和投资管理与质量、进度和投资控制之间的关系是:质量、进度和投资控制是质量、进度和投资管理的一个要素,质量、进度和投资控制 $\in$ 质量、进度和投资管理,或者质量、进度和投资管理包含了质量、进度和投资控制,即质量、进度和投资管理 $\supset$ 质量、进度和投资控制。

一个管理体系中的质量、进度和投资管理包含了多个方面,如:

质量管理 = {质量计划,质量控制,质量监督,质量确认,……}
进度管理 = {进度计划,进度控制,进度监督,进度确认,……}
投资管理 = {投资计划,投资控制,投资监督,投资确认,……}

把质量、进度和投资管理视为质量、进度和投资控制即"三大控制"的观点是不正确的。

1.6 简单项目管理与复杂项目管理

在工程建设领域,现有项目管理理论主要是针对简单项目管理,还没有针对复杂项目管理的理论,因此,定义和区分简单项目管理与复杂项目管理,有助于深入认识复杂项目管理的内涵,建立复杂项目管理的基本框架。

1.6.1 简单项目管理

简单项目管理是指业主或委托工程监理对承包单位的直接进行管理,其基本结构如图 1-10 所示:

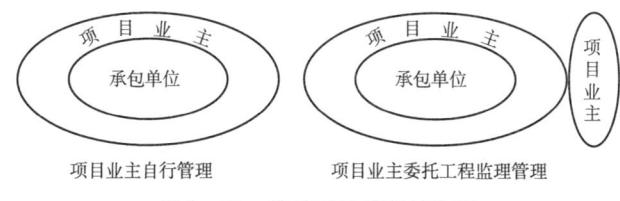

图 1-10 简单项目管理结构图

简单项目管理的特点是项目业主或委托的工程监理单位直接协调承包单位,承包单位(如设计、制造、施工单位)之间没有直接关联关系,项目实施过程中的管理层次可表示如下:

业主直接管理设计、制造或施工时,业主——设计,业主——制造,业主——施工,管理层为两个,即项目业主管理层,设计、制造或施工管理层。

当业主委托工程监理(如设计监理、驻厂监造、施工监理)直接管理承包单位时,工程监理与承包单位(设计监理——设计单位,驻厂监造——制造厂商,施工监理——施工单位)的过程管理仍为两个管理层。

设计、制造、施工之间不发生关联,因此,简单项目管理的函数关系可表示为:

$$y = f(x)$$

式中　x 表示设计、制造或施工单位的项目管理；
　　　y 表示业主或委托工程监理的项目管理；
　　　f 为合同建立的对应关系。

1.6.2　复杂项目管理

复杂项目管理是指多级管理层或交织管理层对承包单位的管理要素进行管理，其基本结构如图 1-11 所示。

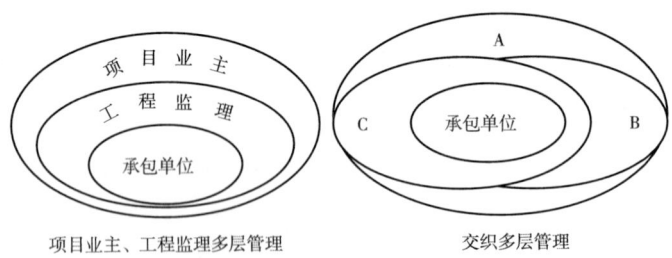

图 1-11　典型复杂项目管理结构图

复杂项目管理的特点：项目管理层存在三个或三个以上
项目业主、工程监理多层项目管理的函数关系可表示为：

$$y = g(f(x))$$

式中　x 表示设计、制造或施工单位的项目管理；
　　　y 表示业主的项目管理；
　　　g 表示业主与监理依照合同建立的对应关系；
　　　f 表示监理与设计、制造或施工依照设计、制造或施工合同
　　　建立的对应关系。

交织多层项目管理的函数关系可表示为：

$$y = m(g(x) + f(x))$$

式中　x 表示承包单位的项目管理；
　　　y 表示 A 组织的项目管理；
　　　m 表示 A 组织与 B、C 组织建立的对应关系；
　　　g 表示 B 与承包单位建立的对应关系；

f 表示 C 与承包单位建立的对应关系。

1.6.3 简单项目管理与复杂项目管的区别

简单项目管理与复杂项目管理层次上的差异,造成项目管理要素组合上的差异,使得简单项目管理与复杂项目管理有着本质上的区别(表1-4)。

表1-4 简单项目管理与复杂项目管理的区别

序号	简单项目管理	复杂项目管理
1	项目管理要素组合单一,组织之间目标差异小	项目管理要素组合复杂,组织之间目标差异大
2	简单项目管理实施可分为设计、采办、制造、施工几个阶段进行,项目风险在组织过程中,逐渐识别,逐渐削减,项目不确定性小	复杂项目管理采用设计、采办、制造、施工等阶段整体发包,由于前期工作深度有限,项目不确定性大,实施风险大,要求根据前期工作深度,采取相适应的管理方式,以规避管理风险
3	各参与组织相对独立,按照自己的方式实施项目管理	通过项目管理要素的重组、系统化、程序化、标准化和模板化实施最优化管理
4	项目管理层次少,项目管理相对单一,项目管理风险小,组织之间冲突小	随着项目管理层级越多,项目管理越复杂,实施风险越大,引发组织之间冲突就越大
5	项目组织周期长,费用节省空间小	项目组织周期短,费用节省空间大
6	对业主、监理单位管理水平要求低	对业主、项目管理单位,如 PMC 要求高,现有的监理模式不适应复杂项目管理
7	现存各种规章制度适用于简单项目管理,简单项目管理不需要特别设计	随着决策权力和任务内容组合之不同,项目管理规章制度也要求不同,现存各种规章制度难于满足复杂项目管理的需要,采用复杂项目管理方式时,必须提前开展项目管理策划与设计
8	采用函数表示,没有中间变量	采用复合函数表示,存在中间变量

在工程实践中,采用简单项目管理模式进行管理的项目,不应采用复杂项目管理模式设置组织结构,否则,会降低整个项目的管理效率与效益;采用复杂项目管理模式进行管理的项目,不应化为简单项目管理模式进行管理,否则,会造成职责不清,管理混乱。

简单项目管理研究的核心内容是加强组织内部管理,提高组织效率与效益,复杂项目管理研究的核心内容是加强组织之间的管理,提高整个项目的效率与效益。

1.7 现代工程项目管理特征

现代工程项目的大型化和开放性,造成了参与单位或机构的工作内容不确定,合同执行不确定,决策目标不一致性,管理界面不确定,资源传递不确定,现代工程管理是在不确定状态下的风险管理。由于工程项目巨大,没有一个人能完成项目管理的全部工作,没有一个人能完成设计的全部工作,没有一个厂商能供应全部物资,没有一个施工单位能完成全部施工任务,没有一个项目的投产与其他单位不关联。现代工程管理的目标就是克服混乱和削减不确定性。

现代项目管理的特征是:系统化、网络化、节点化、标准化、程序化、信息化,如图1-12所示。

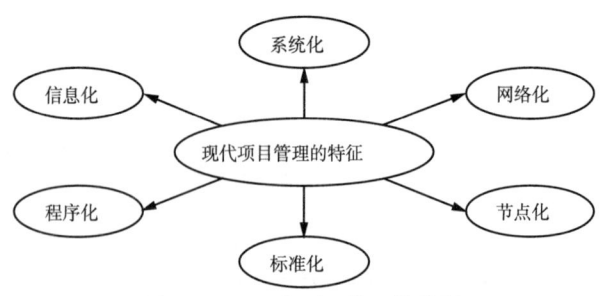

图1-12 现代项目管理的特征

(1)系统化——只有从系统化的角度,建立设计、采办、制造、储运、施工一体化的管理体系,才能实现资源的有效配置。

(2)网络化——管理过程中的数据是根据管理需求而流动,只有从网络化的角度,分析管理需求,才能理清数据之间的关系,发挥过程管理信息在项目管理过程中的作用。

(3)节点化——每一个单位的管理过程都是独立的,理清每一个单位的关联需求数据的实现复杂管理的基础。

(4)标准化——各单位之间协同的数据交换,必须以标准化为基础,只有这样才能加快信息的流动,为管理提供决策依据。

(5)程序化——各单位之间标准数据的交换,可以按照规定的程序进行,简化和规范过程管理,降低管理难度,提高管理效率。

(6)信息化——网络化的结构,点节化的管理,标准化的接口、程序化的运作,为信息化提供基础,适应时代的发展潮流,提升管理水平,提高管理效率。

以长输管道管材管理为例,说明现代工程项目管理的特征,图1-13为长输管道工程管材供应管理体系。

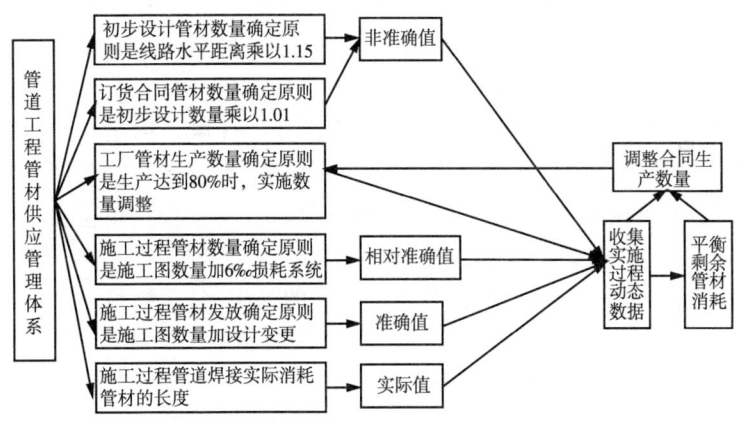

图1-13 管道工程管材料供应管理体系

系统化管理就是把一个项视为一个整体来进行管理,通过系统化的管理方法,达到整体优化的目标。长输管道管材管理涉及到业主、初步设计单位、物资采购单位、生产厂商、施工图或详细设计单位、中转站、施工单位、EPC、监理或PMC等单位。管材管理的一个关键目标是确保原材料制造进度、原材料运输进度、管材生产进度、管材运输进度、现场施工进度、设计变更进度相协调,最大限度地减少管材剩余量。只有把涉及到管材供应的所有参与单位纳入到统一的管理之中,最大限度地调动各方的积极性,才能实现减少管材剩余量的目标。

网络化管理就是根据管理需求,建立适当的管理联系,确保各系统有机运行。管材订货目标是根据初步设计来确定,而管材生产目标是根据实际需求来确定,现场施工过程中管材的需求目标最初是根据施工图或详细设计来确定,当长输管道线路工程完成80%时,管材的需求是根据线路工程剩余工程量、已生产管材量、尚需管材生产量进行综合平衡确定,而非单一的控制指标(图1-13)。在项目管理过程中,总体目标是保持不变的,过程目标是根据总体目标要求,随着工程进展,进行动态调整,以实现各管理节点的优化管理与合理衔接。

节点化管理就是每一个参与机构都是在管理节点上独立运行。初步设计单位负责提供管道长度数据,供物资采购单位进行管材采购;物资采购单位根据业主委托,选择生产厂商;生产厂商根据订单和需求进行生产;施工图或详细设计单位提供相对准确的管材数理与规格,以修正管材生产;中转站负责管材的接卸和发放;施工单位负责管理运至现场并组织施工,这些参与单位或机构都是在管材管理网络上独立运行。

标准化管理是网络化、节点化管理的基础,各网络节点之间的数据交换,只有采取标准化的格式,才能发挥各管理节点的作用,提高数据交换的效率。如各种规格的管材生产数量与进度,是施工单位安排生产的前提,管材生产数量既可以用"吨"来表示,也可以用"米"来表示。如果用"吨"表示,就给施工单位安排生产造成了一定的不确定性,如果"米"来表示,施工单位就可以据此准确安排生产;而对原材料提供单位,如果用"米"表示,提供的信息就难以满足要求,一个单位或机构向外部发布信息,不只是报告自身的工作动态,还应考虑发布的信息如何才能满足其他管理节点需求。

过程管理数据必须在系统化的原则下,进行标准化管理,才能保证一个项目的整体运行效率。

程序化管理是化简各管理节点之间的联系,提高管理效率。例如,中转站和施工单位同属 EPC 项目部的管理之下,当设置适当的管理程序之后,中转站和施工单位之间就可以直接协调有关事务,而不必通过 EPC 项目部;管材生产厂商与中转站没有合同关系,如果有适当的管理程序,管材生产厂商与中转站之间就可以直接开展信息交流,方便管材生产厂商的发货与中转站接收的管理,即中转站代替业主履行接收义务。通过建立管理程序可以突破目前合同双方执行的颈瓶,实现合同第三方履行,适应网络化管理需求。

信息化管理是现代工程管理的基础,通过各环节管材信息的发布,为每一个管理节点工作提供了支持,施工单位根据管材状况来组织生产,中转站根据现场管材储备情况组织合理发货,EPC、PMC 分析管材动态,协助业主组织平衡管材生产。通过信息,把各管理节点有机地连接在一起,形成网络管理结构。

传统管理是点对点的单线联络,现代管理是点对点的网状联络。

1.8　工程管理的关键要素与本位管理

现代工程管理是网络化运作,节点化管理,各节点之间的衔接规律是:控制依权、监督依势、确认依规、协调依情、考核依约,即项目管理的五项基本原则,本位管理是确保各关键要素有效运行的前提条件。

1.8.1　控制的基本含义

控制是根据收集的管理信息,为适应作业需求,对实施过程中,项目管理要素偏差采取的调整措施,确保项目管理要素在规定的范围内运行。

控制必须包含认定的标准,与标准偏差的监测、资源输入与资源调整三个方面的含义(图 1-14)。

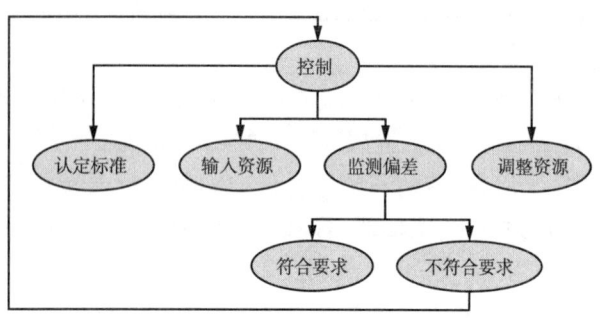

图 1-14 控制过程

控制是主体责任人根据管理权限,针对管理行为,向管辖对象发出的不调整与调整资源的通知或指令,或者被管理对象向主体责任人发出请示或报告,由主体责任人做出不许可或许可的批准。

控制依权,即应依照规定的管理权限发出,没有控制权限的管理人员,应将其管理要求上报给具有控制权限的人员组织实施,没有控制权限的管理人员,不应越权影响他人行使控制活动。

判别是否拥有控制权的标准是:是否对资源具有调用权,也就是只有控制权人才能直接调动其资源,通过控制权人,调动资源的行为,不属于控制。

控制能力体现在标准制定能力、可获得符合标准要求的资源储备能力和市场风险的应对能力。标准制定能力体现了企业的核心竞争能力,资源储备体现了企业的战略需求,符合标准要求的资源可以通过企业自身培育和生产,通过引进外部资源方式获取,或者通过授权方式寻求外部资源支持。符合标准要求的资源储备是机遇、是挑战、是战略成本和发展机遇、是应对市场挑战的制衡法宝。

控制能力与执行能力的区别是:控制能力是认定标准和调整资源,执行能力是根据给定标准和资源组织实施;控制能力强调外部制约,执行能力强调内部管理。

1.8.2 监督的基本含义

监督是指对执行过程有效性的评估,依据计划、标准或管理文件对执行过程的检查、评审和报告,是为控制提供管理依据。

监督的成果是符合要求或不符合要求,根据"逢错必报"的管理原则,对不符合项按照规定的程序进行报告,并形成整改项目。

监督过程必须同时包括检查、评审和报告(包括符合项与不符合项)三个要素,如果三者缺其一,则不能称之为监督,即向被监督对象进行检查与评审,依照管理程序,向主管或上级或者控制权人报告,并告知被监督人(图1-15)。

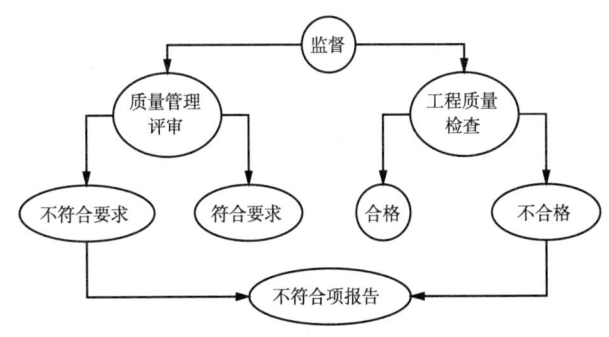

图1-15 工程质量监督管理过程

监督依势,即监督过程应是根据管理层次,依靠控制权人之势,由上向下监督,没有管理权势的人员,不应履行监督职责,没有监督权限的管理人员,应将其管理要求上报给具有监督权限的人员组织实施。监督者没有资源组织协调权,即监督者不得越权调动被管辖对象的资源。

监督者没有资源调用权,监督既针对管理行为,也针对行为产生的成果,这是监督与控制的主要区别。

监督能力主要体现在对被监督对象的评估能力和报告能力上。监督权人应重点研究被监督对象执行的标准、要求和承诺,已经出现的风险或类似工程风险,阶段性成果或最终成果及其表现形式,通过检查与评审,不断提升对被监督对象认识能力和监督权人的技术水平。报告能力决定了监督权人之势,没有报告能力,就没有监督之势,监督报告的重点是项目执行与计划的符合性报告,不符合项报告和持续改进报告。

评估能力与执行能力的区别:评估能力是根据相似性评估执行情况,更多依据的是类以工程经验,执行能力是根据本工程项目的要求,完成规定的工作,并提交符合要求的成果。不断积累、总结和交流类似工程的经验是提高评估能力,进而提高监督能力的重要方法。

1.8.3 确认的基本含义

确认是指依据规定,对可交付成果的交接检查验收管理,参与交接的各方按照规定的程序和界面管理权限,履行交接或见证的活动。

确认是对报验、报审的行为评审,书面材料的审查,报验、报审内容的核查和质量的认定活动。确认过程包括评审、审查、核查和认定(图1-16)。

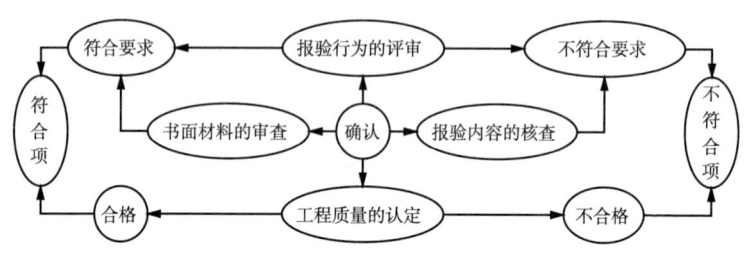

图1-16 工程质量确认管理过程

在多重确认过程中,确认必须按照规定的程序依次进行,否则,中间确认过程会造成中间主体责任人缺位,而使得中间确认不可靠。

确认与监督的区别是:确认是承包商成果报验行为的管理,是被动管理,监督是对承包商实施过程行为的主动管理,确认过程是对承包商检查的核查,监督是对承包商实施行为及其结果的检查。确认必须对承包商的报验成果给予明确的结论,监督是对承包单位存在的不符合项或持续改进情况进行报告,并按程序进行协调处理。确认的权限是对承包商的报验材料签署合格、不合格或不符合要求,监督的权限是发布不符合项或持续改进报告。

确认与控制的区别是:确认没有资源调配权,控制具有资源调配权,确认为不合格或不符合要求时,由承包单位履行控制职责。

1.8.4 协调的基本含义

协调是指不同项目组织之间,在管理界面上建立的联系,以适应两个或两个以上项目组织之间的衔接管理,协调管理也称之为界面管理。

协调是组织间为了共同利益或目标做出的适应现实需求的一种妥协,通过局部调整,促进组织间工作的协同与配合,保证整体目标的实现。

协调的实现取决于合同和组织关联的主体责任人利益,下列情形应重点做好协调工作:对多方有利;对主体责任人不利,但合同有规定;对主体责任人有利,但对局部承包人不利;对总体有利,对局部有利;对总体有利,但对局部不利。

正确处理控制、监督、确认与协调之间的关系,是确保协调工作实现的基本条件。事关控制方面的协调工作,必须依照规定权力进行;事关监督方面的协调工作,必须依照上下、监督与被监督的形势进行;事关确认的协调工作,应遵守依照规定的准标和程序进行;协调管理工作,应依据本位管理原则。下列情形严禁越位协调:承包商控制不力,越权开展控制工作;业主发现问题,代替承包方解释,或者指出业主不足;未按规定或程序开展确认工作,协调业主确认。

1.8.5 考核的基本含义

考核是管理执行层行驶管理权限的体现,发挥执行层在项目管理过程中的作用,促进被管理对象认清责任和履行责任。

考核是针对被管理对象不调整、不执行或不作为而采取的一种事先约定的风险约束管理措施,未经事先约定的内容,不得行驶考核权。考核主要包括不符合项警示、暂扣工程进度款、停工与停职整顿。

考核是针对项目管理控制、监督、确认和协调权限采取的约束与保障措施,没有考核,控制、监督、确认和协调措施就难以顺利实施。

1.8.6 控制权分解

《韩非子》中有一典故:郑县人卜先生的妻子到市场去,买了鳖回家。经过颖河时,认为鳖渴了,因此放它到河里喝水,便丢失了她的鳖。卜先生的妻子之所丢失了她的鳖,是因为在授予鳖控制权时,并没有伴生制衡作用的控制权。

控制权在项目实施过程中,可以通过授权方式进行分解,控制权分解之后,被分解的一方不再拥有已被分解的控制权,但会伴生监督权和制衡作用的控制权。控制权分解过程中呈现如图1-17所示的规律,即{控制A}分解出{控制AB}之后,同时会伴生{监督AC}和对{控制AB}、{监督AC}制衡作用{控制AA},{控制AB}

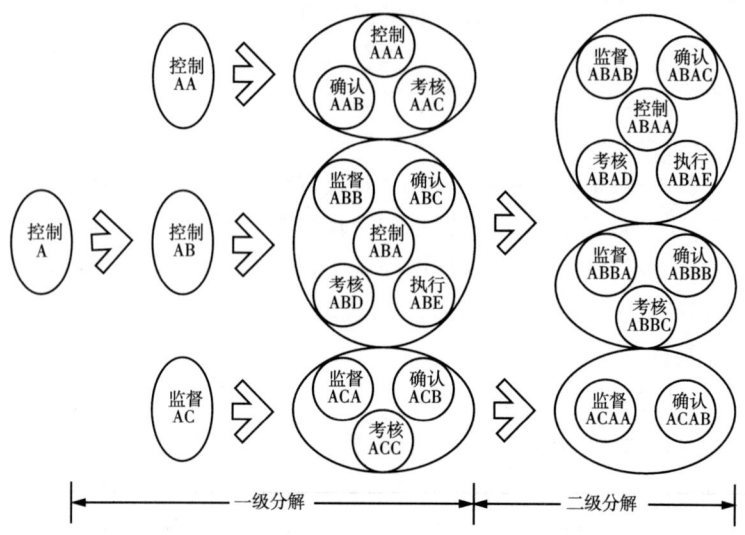

图1-17 控制权分解与管理要素调整

经过组织调整形成{控制 ABA,监督 ABB,确认 ABC,考核 ABD,执行 ABE},{控制 AA}经过组织调整形成{控制 AAA,确认 AAB,考核 AAC},{监督 AC}经过组织调整形成{监督 ACA,确认 ACB,考核 ACC}。如果{控制 AB}进一步分解时,会形成两个新的组织,{控制 ABAA,监督 ABAB,确认 ABAC,考核 ABAD,执行 ABAE},{监督 ABBA,确认 ABBB,考核 ABBC},{监督 AC}会伴生一个新的组织{监督 ACAA,确认 ACAB},{控制 AA}不再随着{控制 AB}的分解而分解。

1.8.7 本位管理

本位管理是复杂项目管理的基础,在多单位、多层次的复杂项目管理中,由于管理分工造成控制权、监督权、执行权的分离,管理过程应严格按照事先策划的管理权限方案执行,既不应越位管理,也不应管理缺位。

越位管理是指超越管理权限,而实施的管理行为。越位管理可能起到即时处理的效果,但是,越位管理可能造成事先设计的管理权限混乱,长此下去,必势衰而难控其为。管理缺位是指没有按规定履行应该履行的职责,造成管理缺位,形成管理漏洞。管理越位或缺位,均会使程序和制度变得虚无,缺位时应监督和控制缺位者到位履行职责,不能代替缺位者履行职责,而产生的越位现象。

1.8.8 常见词语与管理关键要素的对应关系

在项目管理过程中,一些常见词语往往包含了多种管理权限,正确理解词语所涵盖的管理含义,对正确理解和建立项目管理体系具有重要的作用。

通知与指令类的文件,如果涉及调遣各方资源,则属于控制权,如会议通知,由通知人调遣各方资源,参加会议;如果是批准或许可某项工作进行或终止,则属于监督权,原因是对资源的调遣不属于批准或许可人,而是由下一级控制权人实施,再如,告示性的通知,目的提醒各方履行责任,故属于监督权;如果是对某项工作的认定通知,则属于确认权,如通知同意某一方案,就是对方案的确认。

请示与报告类的文件,如果是请示资源调动或者某项工作的批准或许可,则属于监督;如果是请示对某一方案的认定,则属于确认;报告类的文件,一般来说,属于监督权。

报审类的文件,一般包含了批准和认定双重含义,体现了控制权人希望监督或确认权人的批准和确认。一般来说合同内的事项,由同级监督人或确认批准和确认,合同外的事项,必须由上一级控制权重新授权或者由上一级控制权人批准和确认。

报验类的文件,一般属于确认权,根据管理程序进行确认。

审查、审核均属于确认权。

审批既可能是确认权,也可能是控制权,当根据事先约定对某项活动进行确认时,则属于确认权,当涉及资源调动时,则属于控制权。

组织类的活动,如果直接可以调动资源,则属于控制,如果依赖控制权人调动资源,则属于协调。

通过控制权人开展的控制活动,应属于监督,调动控制权人开展的控制活动,则属于控制。

1.9 项目管理的五项基本原则实现管理节点之间的对接

在业主+PMC+EPC 管理模式下,业主对 PMC 管理,PMC 对 EPC 管理,EPC 项目部对 EPC 分包商的管理,PMC 项目部为适应对 EPC 分包商的管理需求,在现场设置现场监理,负责对 EPC 分包商的日常确认与监督工作。根据"控制依权、监督依势、确认依规、协调依情、考核依约"的五项目管理基本原则和系统化、网络化与节点化的管理特点,分析五项项目管理基本原则在项目管理过程中的作用。

1.9.1 控制依权

业主对 PMC 具有控制权,根据业主的授权,由 PMC 对 EPC 管理,因此,PMC 对 EPC 具有控制权,EPC 对 EPC 分包具有控制权。控制权在实施过程中,应保证其唯一性,即只有唯一的上级,为确保控制权的唯一性,控制权应由第一负责人掌控。

随着项目的大型化发展,控制权出现了分级,项目执行过程中,控制权管理常见的主要错误有:

错误之一(图1-18):对控制依权不理解,超越管理权限,对不属于自身控制范围的下一级实施控制权。例如:A 组织对 B、C 组织有控制权,B 组织对 D 组织有控制权,C 组织对 E 组织有控制权,项目实施过程中,A 组织通过 B 组织,由 B 组织对 E 组织实施控制权,从而导致 E 组织出现多头管理。

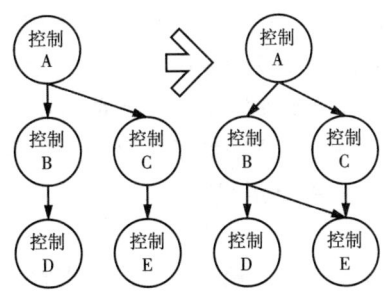

图1-18　控制权管理错误之一

错误之二(图1-19):在复杂项目管理中,对控制依权的责任不理解,引起一方越权控制,另一方弃权控制,一旦被控制方责任不到位,就会导致管理风险。例如:A 组织对 B、C 组织有控制权,B 组织对 D 组织有控制权,C 组织对 E 组织有控制权,项目实施过程中,B 组织认为 C 组织管理不力,越权对 E 组织实施控制权,C 组织认为 B 组织要求对 E 组织实施管理,多一事不如少一事,让位于 B 组织对 E 组织行驶控制权。E 组织由于管理不善,控制不力,如果出现重大质量安全事故,就会被要求 C 组织承担合同规定的控制不力的责任。

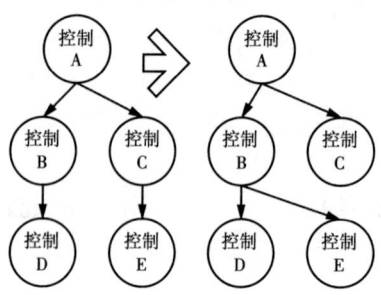

图 1-19　控制权管理错误之二

错误之三(图 1-20)：对控制依权不理解，超越管理层次，实施控制权。例如 F、J、O 三个组织，F 组织对 J 组织有控制权，J 组织对 O 组织有控制权，在项目实施过程中，F 组织发现 O 组织工作不力，就越过 J 组织对 O 组织实施控制权。此种组织管理方式，往往会打击 J 组织的管理积极性，既增加了对 O 组织的管理难度，又增加了 F 组织的工作量，如果 O 组织出现质量安全事故，F 组织会承担更大的责任。

错误之四(图 1-21)：对控制权分配不理解，混淆控制与协调的概念，在同一级之间开展控制，造成同级组织之间的矛盾。例如，F、J、N、O 四个组织，F 组织对 J 组织有控制权，J 组织对 N 和 O 组织有控制权，在项目实施过程中，J 组织要求 N 组织对 O 组织实施控制权，即调动或调整 O 组织的资源，如果 O 组织不同意，N 组织的控制指令难以实施。

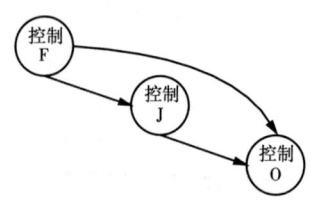

图 1-20　控制权管理错误之三

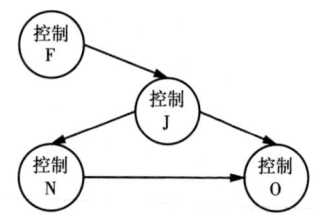

图 1-21　控制权管理错误之四

控制权是项目管理实施过程中最重要的权力,在复杂项目管理过程中,只有正确分配控制权,才能调动一个管理体系中的各方积极性,发挥管理体系的整体优势和作用,否则会出现资源管理混乱,责任不清,管理不明。

正确的控制权分配方案具有的特点为:(1)每一个控制点只有唯一上级,(2)只能由上级给下级分配控制权,图1-22所示为正确控制权分配方案。

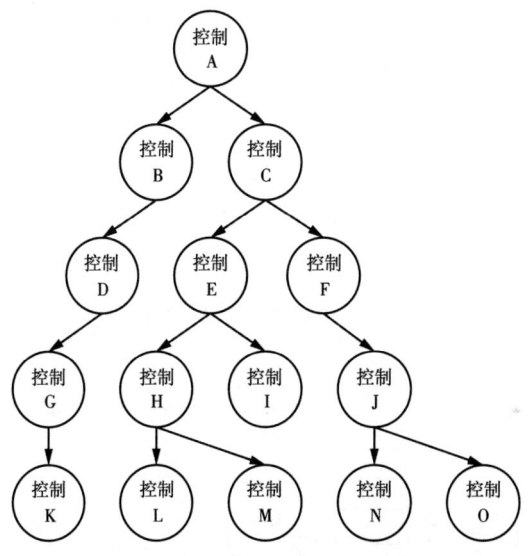

图1-22 正确的控制权分配方案

不正确的控制权分配方案有:(1)控制节点有多个上级,(2)越级实施控制权,(3)同级之间实施控制权(图1-23)。正确地分配控制权,是理顺管理体制的第一步。

在业主+PMC+EPC模式下的正确的控制权分配方案主要有两种情形,情形之一为业主主导的业主+PMC+EPC模式(图1-24-1)。情形之二为PMC主导的业主+PMC+EPC模式(图1-24-2)。

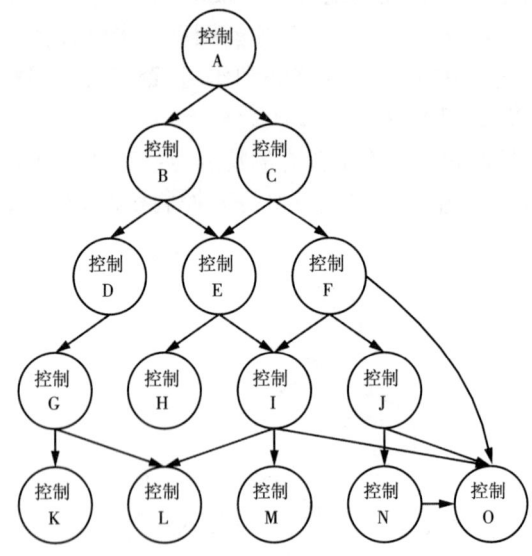

图1-23 不正确的控制权分配方案

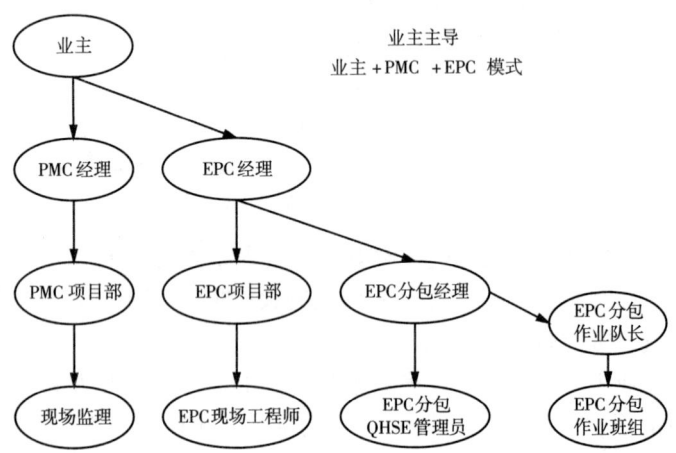

图1-24-1 业主+PMC+EPC模式正确的控制权分配方案示意图

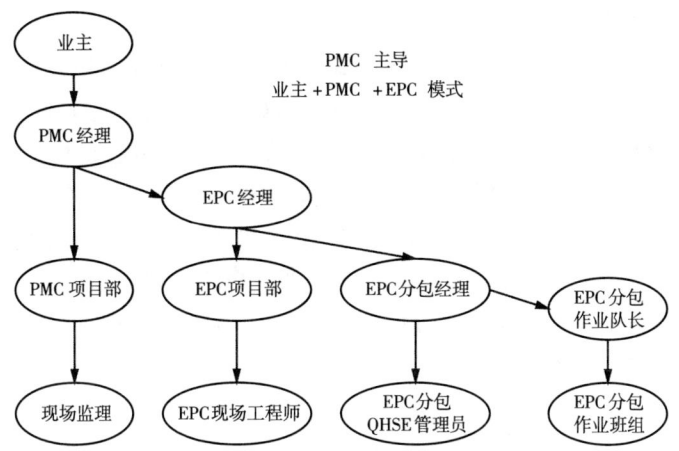

图 1-24-2　业主 + PMC + EPC 模式正确的控制权分配方案示意图

在业主 + PMC + EPC 模式下的不正确的控制权分配方案如图 1-25 所示。

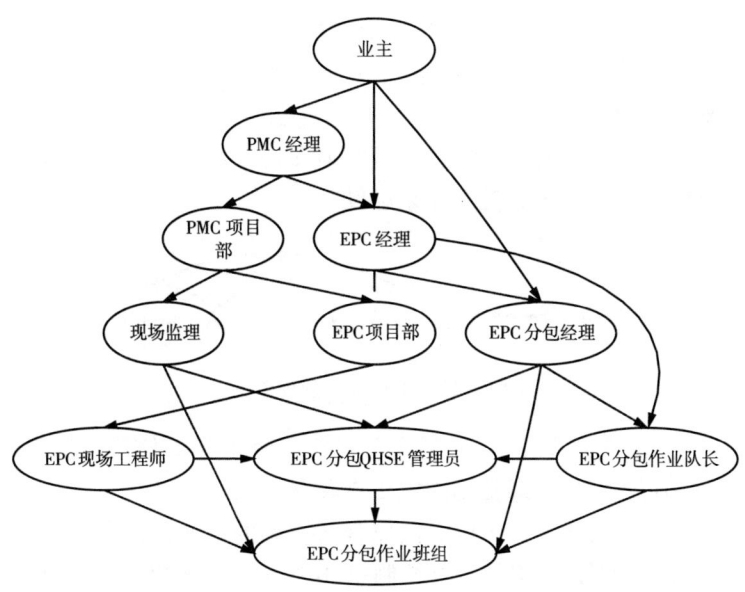

图 1-25　业主 + PMC + EPC 模式不正确的控制权分配方案

1.9.2 监督依势

根据监督依势的管理原则,业主对所有参建机构和人员的管理过程与结果具有监督权,PMC项目部对现场监理具有监督权,对EPC项目部具有监督权、对EPC分包商具有监督权,现场监理对EPC分包商具有监督权,EPC项目部对EPC分包商具有监督权。

在项目管理过程中,控制者、监督者和被监督者之间正确的管理关系是:监督者对被监督者的工作进行检查和评审,并将检查与评审结果,告知被监督者,报告给控制者,以便控制者对被监督者实施控制权力(图1-26)。

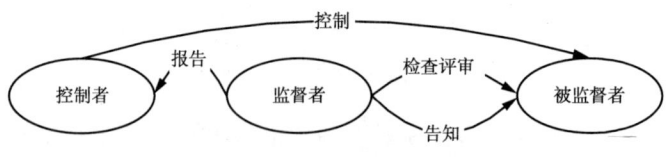

图1-26 正确的管理关系

不正确的管理关系是:监督者对被监督者的工作进行检查和评审,并将检查与评审结果,告知被监督者,为取得更好的执行效果,对被监督者实施控制,而不报告给控制者(图1-27)。其实质是没有认清监督与控制的区别,理清监督与控制的管理界线,而出现监督越权控制,造成控制体系虚设。

图1-27 不正确的管理关系

在大型项目管理中,控制与监督权已经出现了分工。项目执行过程中,监督权管理常见的主要错误有:

错误之一(图1-28):混淆监督与协调的概念,对上一级管理进行监督。例如:A组织具有控制权,B组织具有监督权,A组织是B组织的上级,在项目实施过程中,B组织对A组织进行监督,结果,A 组织对 B 组织行驶控制权造成管理矛盾。

错误之二(图 1-29):对监督依势不理解,对具有上一级别势的组织管理进行监督。例如:A、B、C、D、E、G 六个组织,A 组织授予 B 组织监督权,授予 C 组织控制权,B

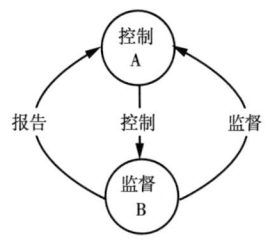

图 1-28　监督权管理错误之一

组织授权 D、G 组织监督,D、G 与 B 同势,C 组织授权 E 组织监督。E 组织对 D、G 组织进行监督,D、G 组织向 B 组织报告,B 组织对 C 组织监督,C 组织对 E 组织行驶控制权,从而造成管理矛盾。

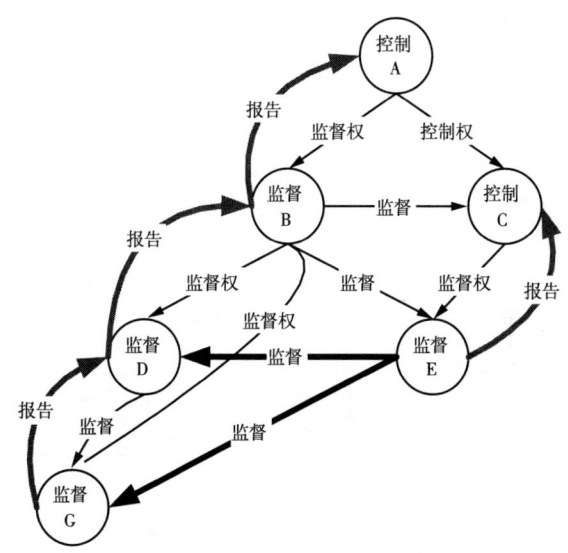

图 1-29　监督权管理错误之二

错误之三(图 1-30):对监督依势不理解,对同一管理层级,缺乏监督,造成监督缺位。例如:A、B、C、D、E、G 六个组织,A 组织授予 B 组织监督权,授予 C 组织控制权,B 授权 D、G 组织监督,C 组织授权 E 组织监督。B 组织对 C 组织缺乏监督,D 组织对 E 组织缺乏监督,即监督缺位。

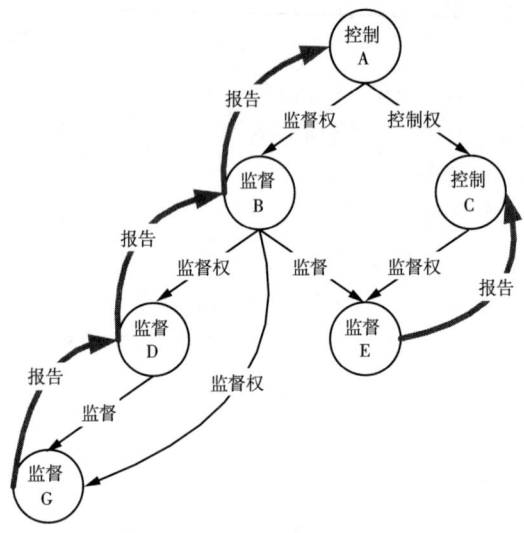

图 1-30　监督权管理错误之三

错误之四(图 1-31)：对监督报告的方向性不理解，将监督结

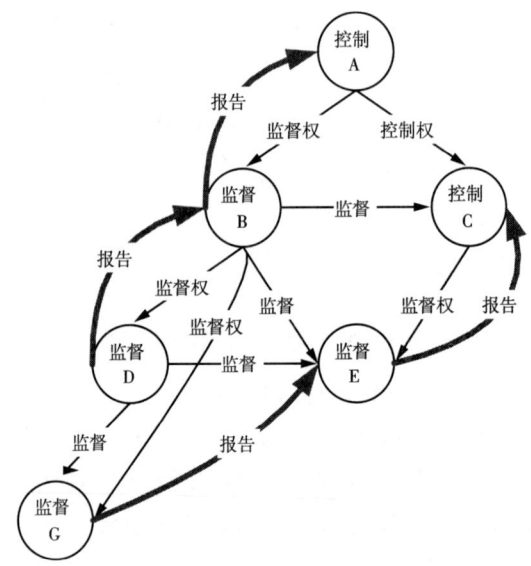

图 1-31　监督权管理错误之四

果报告给下一级势的监督人,造成监督不力。例如:A、B、C、D、E、G 六个组织,A 组织授予 B 组织监督权,授予 C 组织控制权,B 授权 D、G 组织监督,C 组织授权 E 组织监督。B、D、G 组织同势,势来自 A 组织,E 组织势来自 C 组织,B、D、G 组织之势高于 E 组织,G 组织把监督信息报告给 E 组织,而不报告给 D 组织,使得 D、B 组织监督信息断链,使 A 组织缺乏对 C 组织的控制信息,不利于整个体系的运行。

错误之五(图 1-32):对监督报告的方向性不理解,将监督结果报告给下一级势的控制人,造成监督不力。例如:C、E、F 三个组织,C 组织授权 E 组织监督,授权 F 组织控制,E 组织具有 C 组织的势。E 组织把监督结果报告给 F 组织,造成 C 组织缺乏监督信息,失去对 F 组织的有效控制。

错误之六(图 1-33):对监督报告的方向性不理解,将监督结果报告给下一级势的执行人,造成监督不力。例如:F、I、J、O 四个组织,F 组织授权 I 组织控制,授权 J 组织监督,I 组织授权 O 组织执行,J 组织具有 F 组织的势。J 组织把监督结果报告给 O 组织,造成 F 组织缺乏监督信息,失去对 I 组织的有效控制。

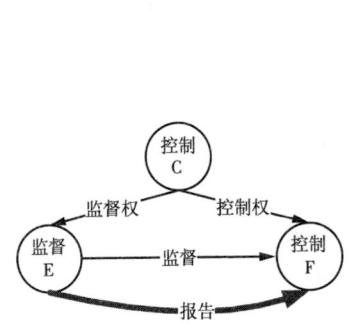

图 1-32 监督权管理错误之五

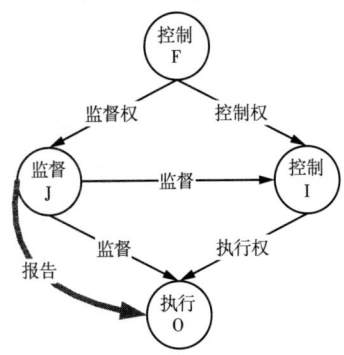

图 1-33 监督权管理错误之六

错误之七(图 1-34):监督缺失,造成监督信息缺失,造成控制缺失。例如:F、I、J、M、N、O 六个组织,F 组织授权 I 组织控制,授权 J 组织监督,I 组织授权 M、N、O 组织执行,J 组织具有 F 组织的势。

J组织报告了M、O的监督信息,缺失N组织的监督信息,从而造成F组织缺乏监督信息,失去对I组织的有效控制。

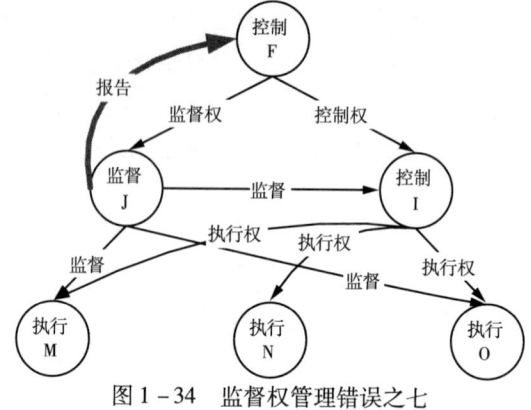

图1-34 监督权管理错误之七

错误之八(图1-35):对监督依势不理解,越权控制,造成管理混乱。例如:C、E、F、H、I、J六个组织,C组织授权E组织监督,授权F组织控制,E授权H监督,F组织授权I组织控制,J组织监督,E、H组织具有C组织之势,J组织具有F组织之势。在执行过程中,由于E组织监督管理不力,C组织授权F组织对H组织进行管理,结果造成管理体系混乱,使C组织失去了对整个体系的管理。

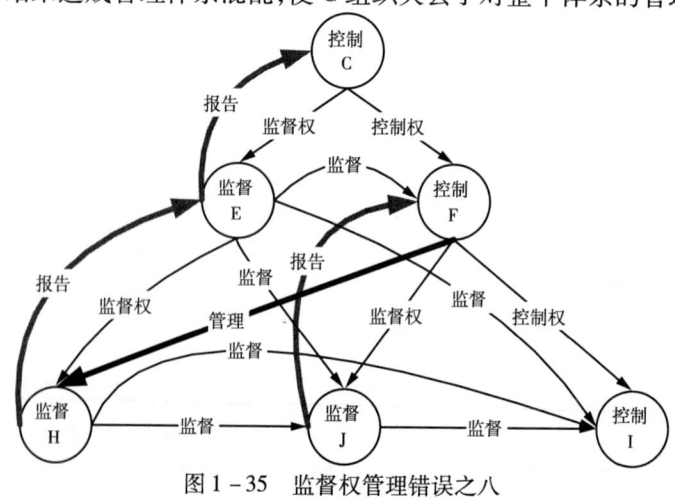

图1-35 监督权管理错误之八

错误之九(图1-36):对监督依势不理解,监督体系不到底,造成控制权失效。例如:C、E、F、H、I、J、L、M、N 和 O 十个组织,C 组织授权 E 组织监督,授权 F 组织控制,F 组织授权 H 组织监督 L 和 M 组织,授权 J 组织监督 N 和 O 组织,授权 I 组织控制,I 组织授权 L、M、N 和 O 四个组织执行,E 组织具有 C 组织之势,H 和 J 组织具有 F 组织之势。项目实施过程中,由于管理跨度限制,E 组织难以获取 L、M、N 和 O 四个组织的监督信息,C 组织监督信息有限,难以对 F 组织进行有效管理。

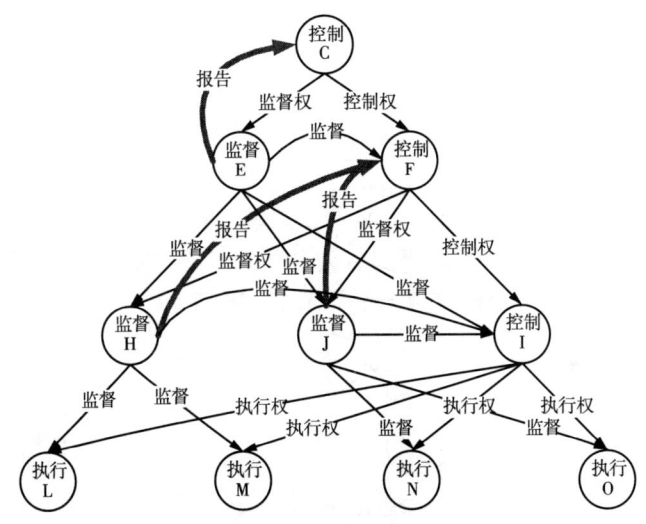

图1-36 监督权管理错误之九

错误之十(图1-37):对监督信息管理不重视,对监督信息维护不及时,造成监督信息断链,造成管理困难。例如:A、B、C、D、G 五个组织,A 组织授权 B 组织监督,授权 C 组织控制,B 组织为适应管理跨度需要,授权 D 组织监督,D 组织为适应管理跨度需要,授权 G 组织监督,B、D、G 组织具有 A 组织之势。在项目实施过程中,由于 D 组织对监督信息不重视,B 组织未对监督信息及时行进维护,造成监督信息在 D 与 B 之间断链,由于监督信息的缺失,削减了 A 组织对 C 组织的控制权。

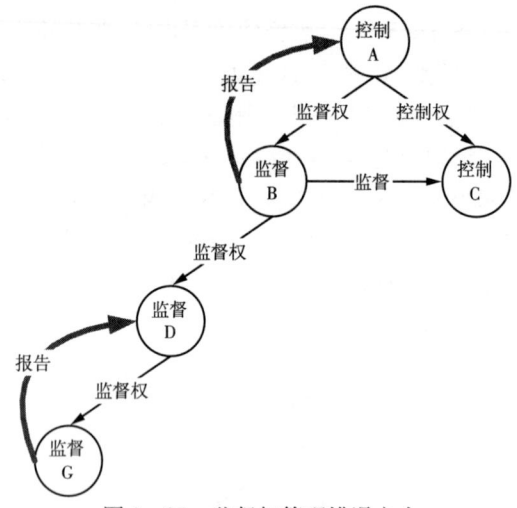

图1-37　监督权管理错误之十

监督是确保控制权实施的重要因素,只有合理设置与分配监督权,项目管理过程才能得到有效的控制。在复杂项目管理条件下,正确的监督权分配管理方案如图1-38所示。

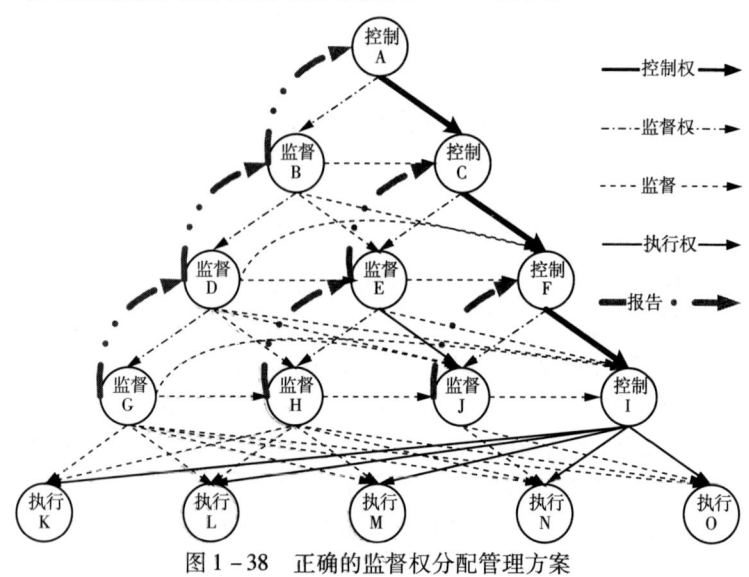

图1-38　正确的监督权分配管理方案

监督权与控制权在再分配过程中呈现三角形规律,并随着控制权层级增加,监督权以等势原则增加层级。监督权非独立的变化,是随着控制权的变化而变化,即 y = f(x),控制是自变量,监督是应变量,如图 1-39 所示。

从图 1-39 可中以看出:

(a)当控制权一次分配时,A 与 B 同势,B 向 A 报告。

(b)当控制权二次分配时,A 与 B、D 同势,B、D 向 A 报告;C 与 E 同势,E 向 C 报告。

(c)当控制权三次分配时,A 与 B、D、G 同势,B、D、G 向 A 报告;C 与 E、H 同势,E、H 向 C 报告;F 与 I 同势,I 向 F 报告。

(d)当控制权四次分配时,A 与 B、D、G 同势,B、D、G 向 A 报告;C 与 E、H、L 同势,E、H、L 向 C 报告;F、M 与 I 同势,I 向 F、M 报告;J 与 N 同势,N 向 J 报告。

一个项目要得到有效的管理,随着控制权的分配,应建立起相适应的监督管理体系,监督体系应随着控制权的分配而随之变化,直至执行层。

在业主 + PMC + EPC 模式下的控制与监督关系主要有两种情形:一种是业主主导,PMC 为业主管理提供支持(图 1-40a),另一种是业主授权 PMC 对 EPC 进行管理(图 1-40b)。

1.9.3 确认依规

确认是授权人与被授权人之间,过程成果交接而伴生的一种管理权,也是随着控制权分解而伴生的一种重要制衡措施,当需要赋予某一监督组织对授权控制权人制衡时,就应赋予其相应的确认权,当不需要赋予某一监督组织对授权控制权人制衡时,就不应赋予确认权。管理的连带责任伴随着确认权而产生,没有确认权,就没有连带责任。在工程项目管理过程中,确认必须按照顺序进行,才能保证管理有序,确认有力,超越程序开展确认工作,就会破坏管理程序与工作纪律,导致确认结果不可靠和连带责任的转移。

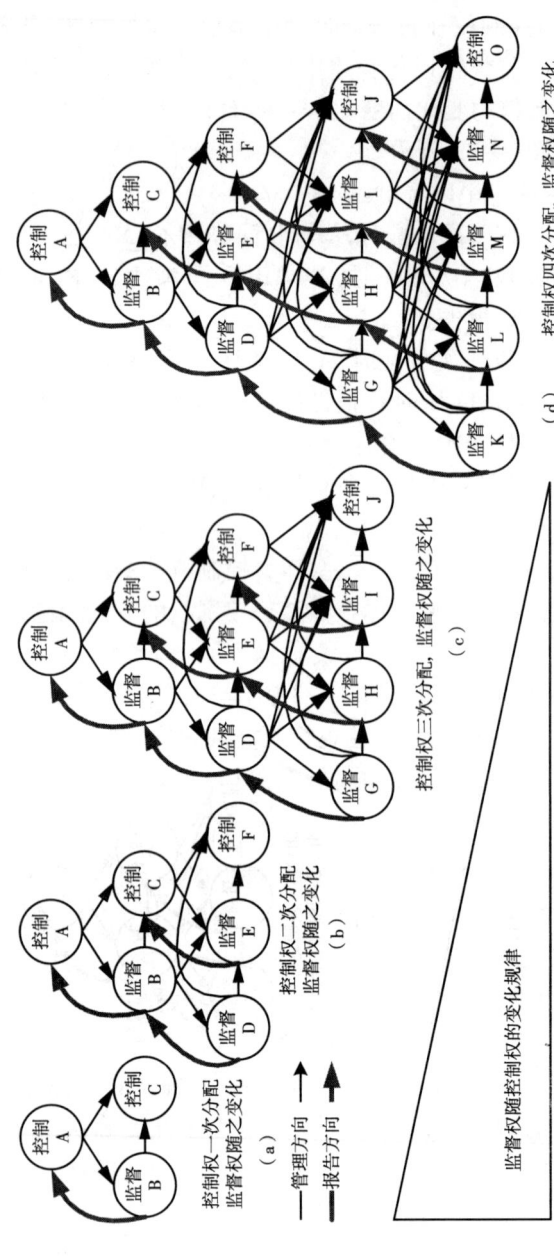

图1-39 监督权与控制权的变化规律

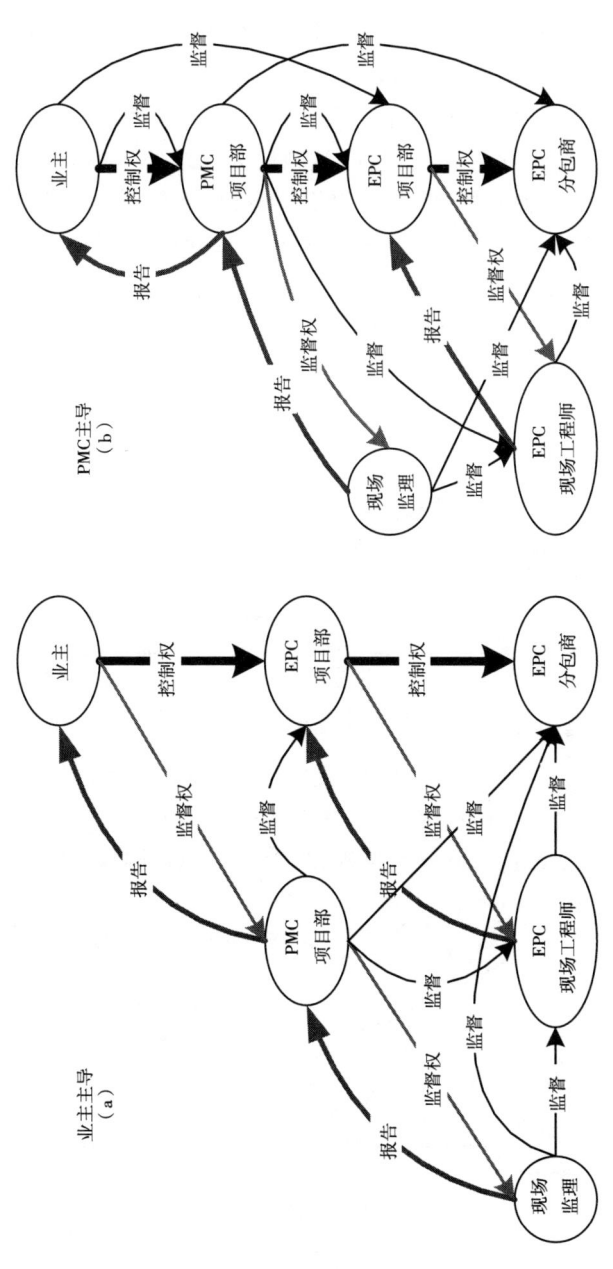

图1-40 业主+PMC+EPC模式正确的控制权与监督权分配方案

在大型项目管理中,管理已经出了分工,项目执行过程中,确认权管理常见的主要错误有:

错误之一(图1-41):对监督权与确认权的关系不理解,控制权人未赋予监督权人确认权,而控制权人要求监督权人确认。例如:A组织具有控制权,赋予B组织监督权,赋予C组织控制权,C组织的过程成果,A组织缺乏相应人员对其确认,由于B组织监督工作出色,A组织要求B组织给予确认。在此案例中,B组织本应不承担由于C组织过错产生的连带责任,B组织一旦按照A组织的要求完成确认,B组织就应承担C组织过错而产生的连带责任。

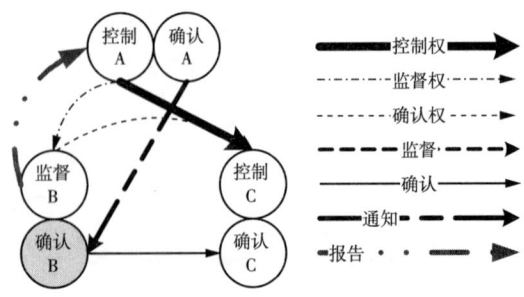

图1-41 确认权管理错误之一

错误之二(图1-42):监督权人对授权确认权不理解,控制权人未赋予监督权人确认权,监督权人开展确认工作。例如:A组织具有控制权,赋予B组织监督权,赋予C组织控制权,C组织的过

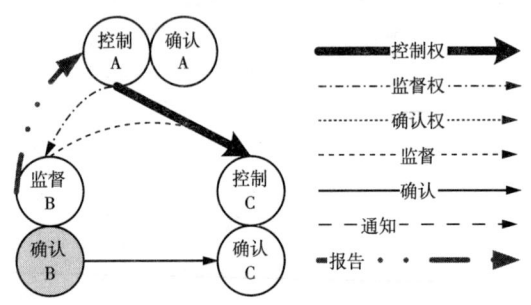

图1-42 确认权管理错误之二

程成果,B组织给予确认。在此案例中,B组织本应不承担由于C组织过错产生的连带责任,但B组织超越管理权限完成确认,B组织就应承担C组织过错而产生的连带责任。

错误之三(图1-43):控制权人对确认权的制衡作用与连带责任不理解,控制权人赋予监督权人确认权,但在项目实施过程中,控制权人直接对授予控制权人的过程成果进行确认。例如:A组织具有控制权,赋予B组织监督权与确认权,赋予C组织控制权,C组织的过程成果,A组织直接给予确认。在此案例中,本应要求B组织对C组织制衡,确保C组织管理规范,A组织对C组织成果直接给予确认,导致B组织难以对C组织起到制衡作用,C组织过错,B组织一般不承担连带责任,但,当C组织出现重大过错时,由于B组织未按照事先约定完成确认工作,未协调A组织让其认清责任,未要求A组织变更管理程序,B组织仍然具有不推卸的责任。

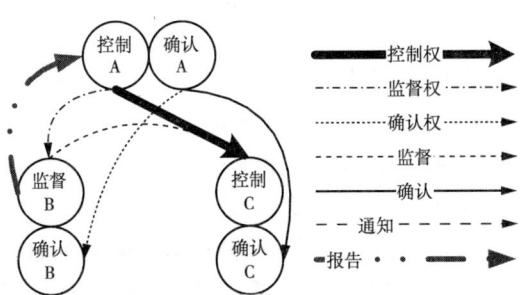

图1-43 确认权管理错误之三

错误之四(图1-44):控制权人对确认权的制衡作用与先后顺序不理解,控制权人赋予监督权人确认权,但在项目实施过程中,控制权人先于监督权人对授予控制权人的过程成果进行确认。例如:A组织具有控制权,赋予B组织监督权与确认权,赋予C组织控制权,C组织的过程成果,A组织先于与B组织确认,B组织就失去了对C组织的制衡作用。在此案例中,本应要求B组织对C组织制衡,确保C组织管理规范,A组织先于B组织对C组织成果给予确认,如果 B 组织不确认或者确认不符合要求,会对 A 组织形成监督,导致管理矛盾,如果顺从 A 组织的要求,对 C 组织的成果进行确认,B 组织就难以对 C 组织起到制衡作用。

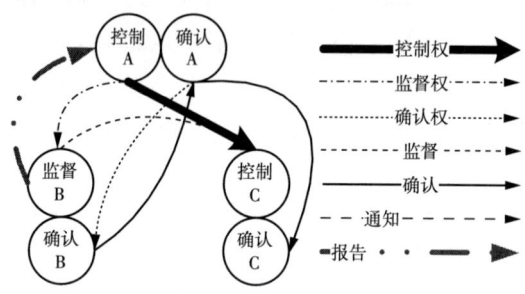

图 1-44　确认权管理错误之四

错误之五(图 1-45):监督权人对控制权分解不理解或者组织体系不完善,监督权人对分解之后的控制权人下一级控制权人的过程成果进行确认,导致分解之后的控制权人以包代管。例如:情形之一,有 A、B、C、D、E、F 五个组织,A 组织授权 B 组织监督并赋予确认权,授权 C 组织控制,C 组织进一步授权 F 组织控制,授权 E 组织监督并赋予确认权,B 组织根据 C 组织的控制权分解,进一步分解为 D 组织并授予监督和确认权。在项目实施过程中,D 组织对 F 组织的过程成果进行确认,导致 E 组织失去了确认权,E 组织难于对 F 组织制衡,使得 E 组织放弃对 F 组织的监督,形成以包代管;情形之二,有 A、B、C、D、F 四个组织,A 组织授权 B 组织监督并赋予确认权,授权 C 组织控制,C 组织进一步授权 F 组织控制,B 组织根据 C 组织的控制权分解,进一步分解为 D 组织并授予监督和确认权,在项目实施过程中,D 组织对 F 组织的过程成果进行确认,C 组织未派生机构对 F 组织进行过程监督和过程成果确认,形成以包代管。从以上案例可以看出,以包代管现象的原因主要有两类,一是监督人越权管理,二是控制人体系不完善。以包代管表现上是控制权人 C 节省了管理费用,但是,控制权人 F 造成的不利后果,需要由控制权人 C 来承担,尤其是重大责任事故。控制权人 A 对控制权 C 管理不当,同样,有失察之责。D 组织的越权,掩盖 C 组织的管理矛盾是事故频发的根源。

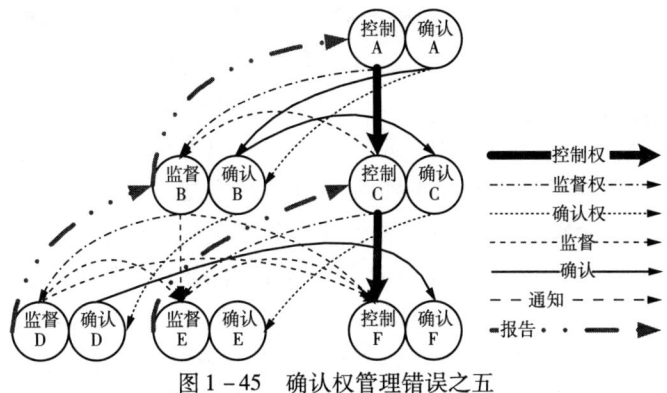

图 1-45 确认权管理错误之五

错误之六(图 1-46):赋有确认权的监督权人不履行确认责任,导致对授权的控制权人失去制衡。例如:有 A、B、C、D、E、F 五个组织,A 组织授权 B 组织监督并赋予确认权,授权 C 组织控制,C 组织进一步授权 F 组织控制,授权 E 组织监督并赋予确认权,B 组织根据 C 组织的控制权分解,进一步分解为 D 组织并授予监督和确认权,在项目实施过程中,E 组织对 F 组织的过程成果进行确认,但 D 组织未履行对 E 组织确认成的再次确认责任,由于 D 组织未

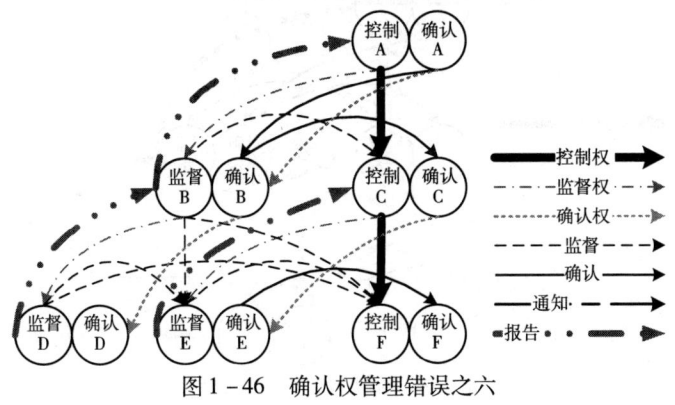

图 1-46 确认权管理错误之六

及时对 F 组织采取制衡措施,C 组织与 F 组织协同,造成 A 组织对 C 组织失去制衡作用。在此情况下,往往是 C 组织驾驭 A 组织进行管理,A 组织承担了 C 组织的一切风险。

错误之七(图 1-47):监督权人对确认顺序与效果不理解,为了提高确认效率,不同势的监督权人同时对授权控制权人的过程成果确认。例如:有 A、B、C、D、E、F 五个组织,A 组织授权 B 组织监督并赋予确认权,授权 C 组织控制,C 组织进一步授权 F 组织控制,授权 E 组织监督并赋予确认权,B 组织根据 C 组织的控制权分解,进一步分解为 D 组织并授予监督和确认权。在项目实施过程中,C 组织协调 A 组织,要求 D 组织与 E 组织同时确认,以提高确认效率,A 组织同意了 C 组织的要求,并指令 B 组织协调 D 组织与 E 组织同时确认,以加快工作进展,B 组织顺应了 A 组织的要求,D 组织在确认过程中发现,D 组织没有提及的不符合项,E 组织往往也不会主动提出,D 组织现 E 组织管理水平越来越差,在确认过程中难以发挥真正作用。造成这一现象的主要原因是,顺序确认是 D 组织对 E 组织形成制衡机制,同时确认是 D 组织对 E 组织失去了制衡作用,由于 D 组织对 E 组织具有监督之势,F 组织在 D 组织与 E 组织的博弈中,倾向于采取对自身有利的行动,E 组织往往只有选择放弃权力,从而,使得 E 组织越来越不起作用,一旦 D 组织与 F 组织协同,就可能对工程造成不利的影响。

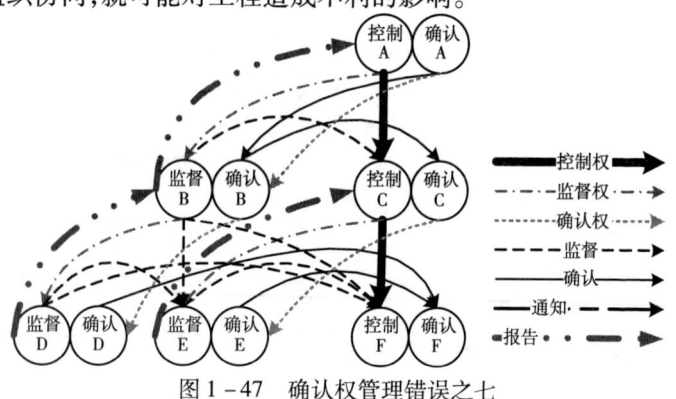

图 1-47 确认权管理错误之七

错误之八(图1-48):监督权人对越权确认认识不足,造成越权确认。例如:有 A、B、C、D、E、F 五个组织,A 组织授权 B 组织监督并赋予确认权,授权 C 组织控制,C 组织进一步授权 F 组织控制,授权 E 组织监督并赋予确认权,B 组织根据 C 组织的控制权分解,进一步分解为 D 组织并授予监督和确认权,在项目实施过程中,E 组织对 F 组织的过程成果进行确认,B 组织对 E 组织的确认成果再次确认。B 组织的行为会伤害 D 组织的积极性,同时,引起 D 组织与 E 组织之间的矛盾,也会导致 B 组织与 D 组织之间的矛盾,由于 B 组织接受了 E 组织引起的连带责任,解除了 D 组织的连带责任,使得 D 组织失去了作用。

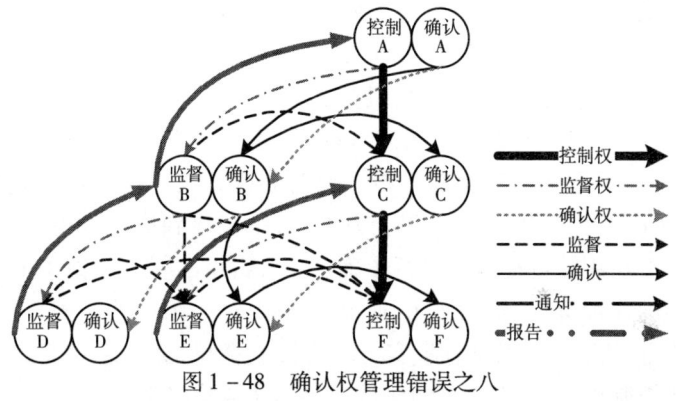

图1-48 确认权管理错误之八

错误之九(图1-49):监督权人对越权确认认识不足,造成越权确认。例如:有 A、B、C、D、E、F 五个组织,A 组织授权 B 组织监督并赋予确认权,授权 C 组织控制,C 组织进一步授权 F 组织控制,授权 E 组织监督并赋予确认权,B 组织根据 C 组织的控制权分解,进一步分解为 D 组织并授予监督和确认权,在项目实施过程中,B 组织认为 E 组织管理能力不足,D 组织也未尽到应有的责任,B 组织对 F 组织的过程成果进行了确认。B 组织的行为承担了 F 组织过错的连带责任,解除了 D、E、C 组织对 F 组织的制衡作用,由于 B 组织对 F 组织没有事实上的直接制衡权,又缺乏对 F 组织的直接控制权,B 组织对 F 组织的成果确认,风险多于利益。

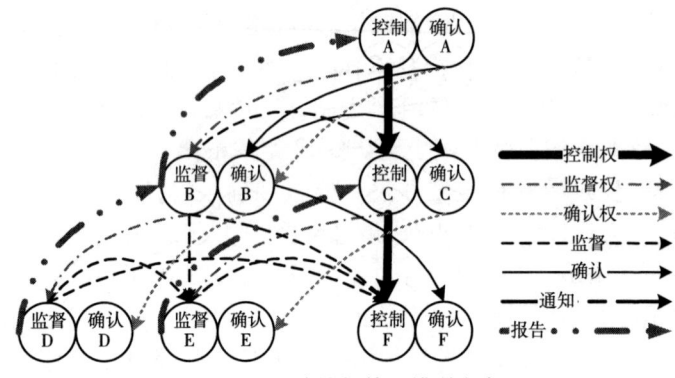

图 1-49　确认权管理错误之九

错误之十(图 1-50):控制权人对越权确认认识不足,造成越权确认。例如:有 A、B、C、D、E、F 五个组织,A 组织授权 B 组织监督并赋予确认权,授权 C 组织控制,C 组织进一步授权 F 组织控制,授权 E 组织监督并赋予确认权,B 组织根据 C 组织的控制权分解,进一步分解为 D 组织并授予监督和确认权。在项目实施过程中,A 组织认为 B 组织管理能力不足,也未尽到应有的责任,A 组织对 F 组织的过程成果进行了确认。A 组织的行为承担了 F 组织过错的连带责任,解除了 B、D、E、C 组织对 F 组织的制衡作用,由于 A 组织对 F 组织没有事实上的直接制衡权,又缺乏对 F 组织的直接控制权,A 组织对 F 组织的成果确认风险多于利益。

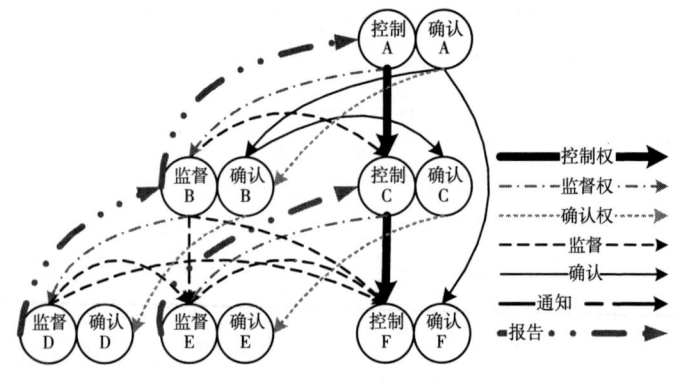

图 1-50　确认权管理错误之十

错误之十一(图1-51):控制权人和监督权人对越权确认认识不足,造成越权确认。例如:有 A、B、C、D、E、F 五个组织,A 组织授权 B 组织监督并赋予确认权,授权 C 组织控制,C 组织进一步授权 F 组织控制,授权 E 组织监督并赋予确认权,B 组织根据 C 组织的控制权分解,进一步分解为 D 组织并授予监督和确认权。在项目实施过程中,A 组织和 B 组织对 F 组织的过程成果进行了确认。由于 A 组织与 B 组织的行为,往往使得 C 组织失去了应有的作用,一旦 F 组织出现过错,A、B、C 组织就成为 F 组织风险承担的共同体。

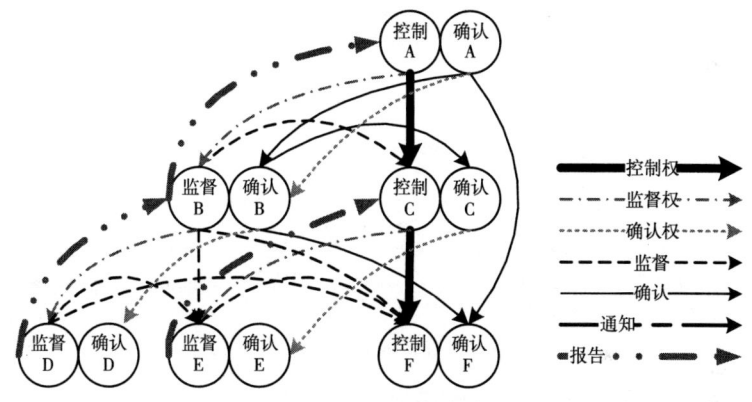

图1-51 确认权管理错误之十一

错误之十二(图1-52):监督权人对确认不符合项报告的认识不足,未能及时报告确认不符合要求的情况,造成管理被动,使确认权失去制衡作用。例如:有 A、B、C、D、E、F 五个组织,A 组织授权 B 组织监督并赋予确认权,授权 C 组织控制,C 组织进一步授权 F 组织控制,授权 E 组织监督并赋予确认权,B 组织根据 C 组织的控制权分解,进一步分解为 D 组织并授予监督和确认权。在项目实施过程中,E 组织对 F 组织的过程成果进行确认,D 组织对 E 组织确认的成果进行再确认时,发现 F 组织的过程成果不符合要求,故确认为不合符合要求,但未将确认不符合要求的事项向 B 组织报告,F 组织认为时间紧张,未对不符合项进行整改,就进行下道工序施工,造成 D 组织与 F 组织之间矛盾,D 组织认为业主授权太小,无法对 F 组织进行管理。造成这一原因的是 D 组织没有认识到监督权与确认权的联动作用,如果 D 组织将不符合项报告给 B 组织,B 组织报告给 A 组织,同时通知 C 组织,C 组织为了降低自身风险,指令 F 组织进行整改,从而避免了 D 组织与 F 组织之间的矛盾,也有利于项目管理体系的运行。

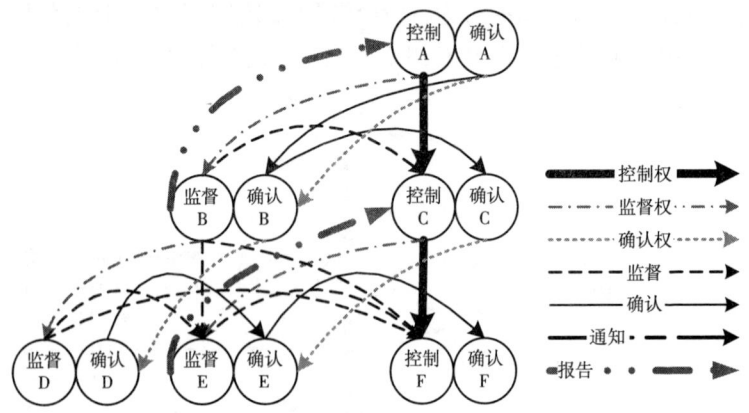

图 1-52　确认权管理错误之十二

正确的确认权管理方案如图 1-53 所示。

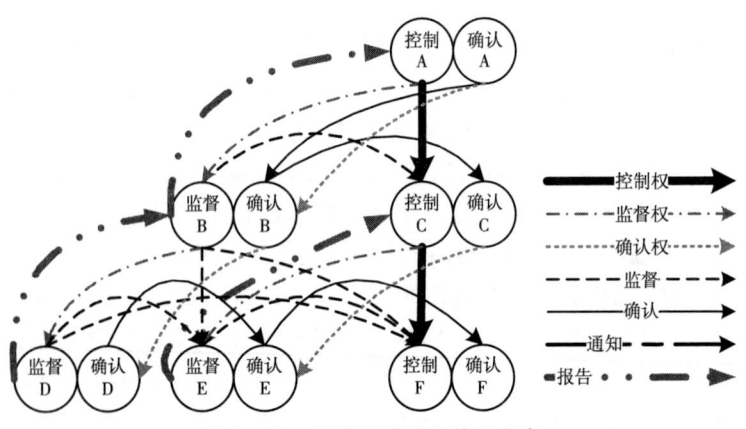

图 1-53　正确的确认权管理方案

在业主＋PMC＋EPC模式下正确的确认方案主要有两种情形：一种是业主对EPC实施控制，PMC对业主提供支持（图1-54a）；另一种是业主授权PMC对EPC实施控制（图1-54b）。

确认权的管理应重点关注：

①确认应在授权人与被授权人之间进行，当授权人委托监督权人行驶确认权时，应向授权人明示确认的范围，以及是否应进一步由授权人确认；当授权人未委托监督权人行驶确认权时，监督权人不得越权确认。

②确认必须按照规定的程序进行，不得违反程序约定的顺序。

③确认必须在规定的时间内完成，当超过规定的时间，必须向被确认人作出说明。

④当监督权人行驶确认权，确认不符合要求时，应当向授权人报告，不得隐蔽不符合要求的信息，否则，监督权人将失去对授权控制权人的制衡作用。

⑤确认具有连带责任风险，必须依照规定进行确认，防范责任风险转移。

⑥确认成果应定期形成统计报告，防止应确认的过程成果未及时完成确认，给后续工作带来风险。

1.9.4 协调依情

协调是授权人与被授权人之间为了避免损失，谋求利益最大化的管理措施。协调的根本动力是"有利"，通过协调，促进授权人或被授权人做出有利于项目或自身的资源调整，促进授权人或者被授权人履行约定的责任，协调是授权人向被授权人授权时的伴生权。如控制权人向某一控制权人授权控制，在控制权人与授权控制权人之间就产生了协调关系，控制权向某一监督权人授权监督，在控制权人和授权监督权人之间就产生了协调关系。协调应在授权人与被授权人之间进行，或者，控制权人授权监督权人对授权控制权人开展协调工作。当控制权人未授权监督权人对授权控制权人开展协调时，监督权人不具备协调授权控制权人的职能。

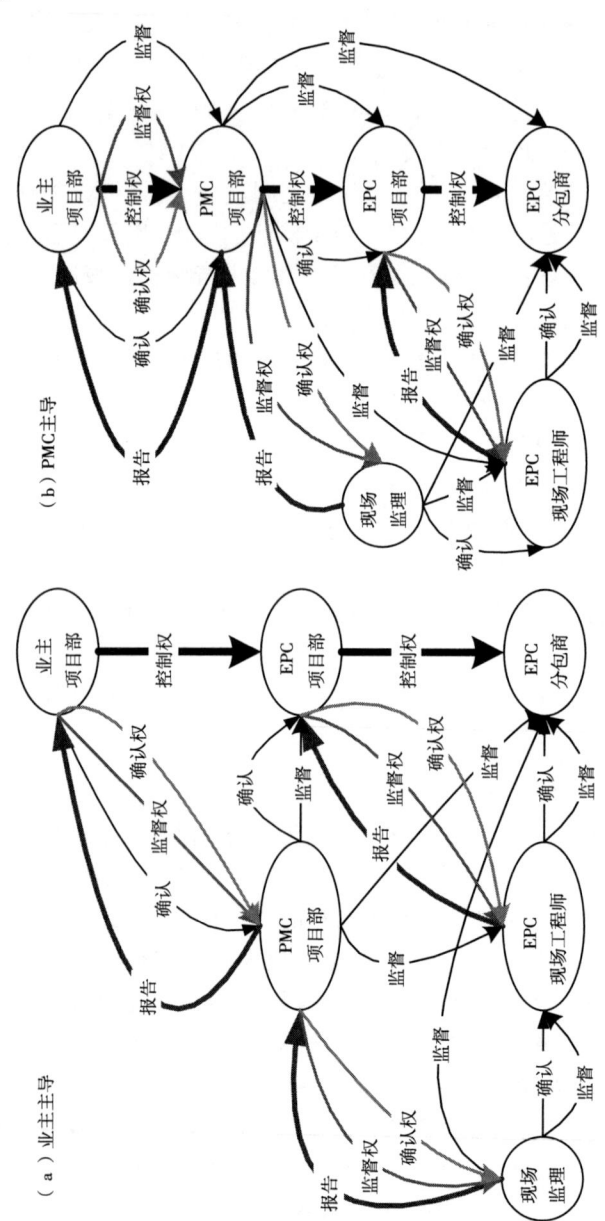

图1-54 业主+PMC+EPC模式正确的确认方案

协调可以是单向的,如向有授权人提出建议,也可以是双向的,授权人与被授权人,为了某事项达成的妥协,也可以是多向的,多个授权人与被授权人之间,为了一个共同目标,而达成的一致意见。

在大型项目管理过程中,协调是一种伴生管理权,使用不当,会造成管理矛盾,或者无效管理,常见的主要错误有:

错误之一(图1-55):监督权只认知到协调是对各方"有利",未意识到需要资源调整,在未经控制权人授权的情况下开展协调工作,导致协调无效。例如:有A、B、C三个组织,A组织具有控制权,赋予B组织监督权,授予C组织控制权,B组织在监督过程中,发现有更好的操作方案,该方案有利于安全也有利于节约成本,B组织对C组织进行协调,要求C提出方案,C组织不愿意增加方案制定与获取审批的成本,拒绝B组织的提议,为此B组织报告A组织,A组织不愿意承担方案修改后的风险,也不支持B组织的协调行动。由于B组织未取得A组织的授权,协调无效。

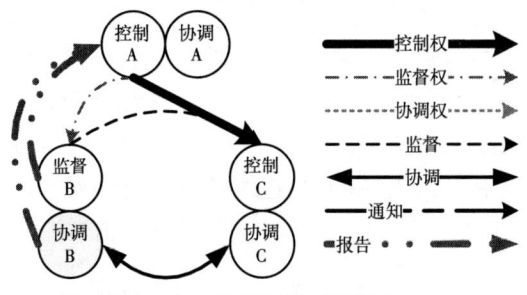

图1-55 协调权管理错误之一

错误之二(图1-56):监督权只认知到协调是对各方"有利",未意识到资源调整应取得控制权人的批准,导致管理矛盾。例如:有A、B、C三个组织,A组织具有控制权,赋予B组织监督权与协调权,授予C组织控制权。在项目实施过程中,C组织提出某项设计变更,B组织认为对工程有利,就同意了C组织的提议,由于时间紧迫,B组织未将协调结果报告A组织并征求其意见。A组织在现场检查过程中,发现工程实体不符合原设计要求,要求 B 组织指令 C 组织返工,B 组织向 A 组织解释时。A 组织说明了原方案的设计意图,不同修改原设计方案,导致协调无效。

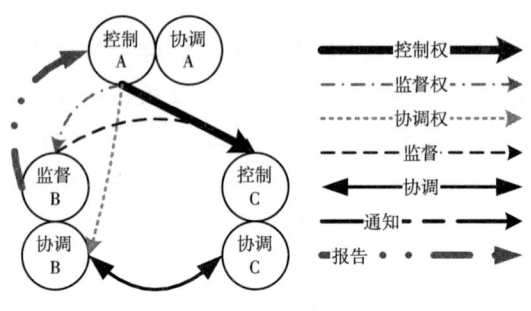

图 1-56　协调权管理错误之一

错误之三(图 1-57)和错误之四(图 1-58):协调是控制权人与授予控制权人之间在对资源做出安排,或者调整之前的协商。当控制权人授予监督权人开展协调工作时,为了提高决策效率,保留部分协调权。当涉及同一事件在同一时段开展不同层级的协调时,控制权人与监督权人之间应建立协调通报机制,否则,要么难以调动监督权人的协调积极性,要么造成授予控制权人拒绝监督权人的协调,要么造成组织之间的矛盾。例如:有 A、B、C 三个组织,A 组织具有控制权,赋予 B 组织监督权与协调权,授予 C 组织控制权。在项目实施过程中,可能会出现两种情形。

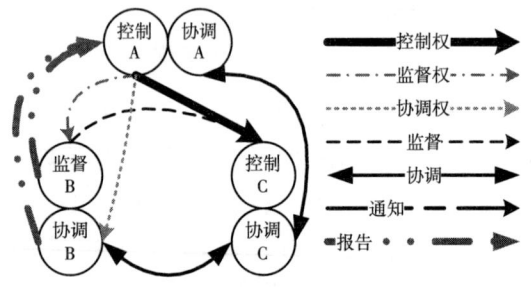

图 1-57　协调权管理错误之三(情形之一)

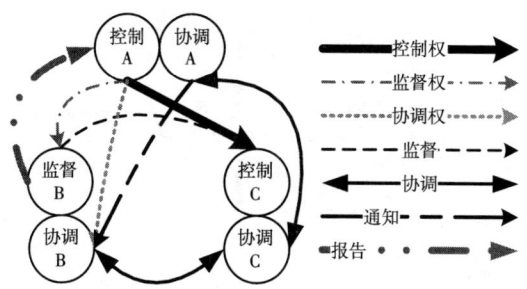

图1-58　协调权管理错误之四(情形之二)

情形之一:A组织授权B组织对C组织开展某项协调工作,B组织将与C组织的协调情况随时向A组织报告,以便得到A组织的进一步指令。B组织在与C组织的协调过程中,发现与C组织就某一项内容协商越来越困难,C组织告诉B组织,这项协调事件正由C组织直接与A组织协商,B组织获得这样的信息后,会削减B组织协调C组织的积极性,使得A组织对B组织的授权难以落实。

情形之二:A组织为了加快某一项工作的协调进程,在A组织与C组织协调的同时,授权B组织对C组织就某一具体技术细节开展协调工作,A组织及时向B组织通报了与C组织的协调情况,B组织希望取得协调成果之后,统一向A组织报告。由于技术细节中的某一议题难于与C组织协商一致,C组织向A组织报告了B组织工作不力的情况,从而致使协调工作困难,组织之间产生矛盾。

错误之五(图1-59)、错误之六(图1-60)和错误之七(图1-61):授权协调权人对协调与控制之间的关系不理解,将协调权进行进一步分解,导致无效协调。例如:有A、B、C、D、E、F五个组织,A组织授权B组织监督并赋予协调权,授权C组织控制,C组织进一步授权F组织控制,授权E组织监督并赋予协调权,B组织根据C组织的控制权分解,进一步分解为D组织并授予监督和协调权。在项目实施过程中,可能会出现三种情形。

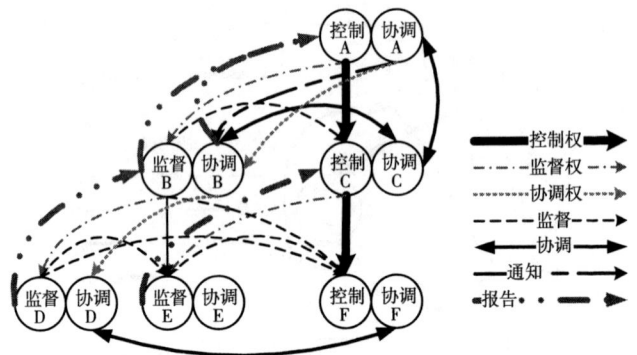

图1-59 协调权管理错误之五(情形之一)

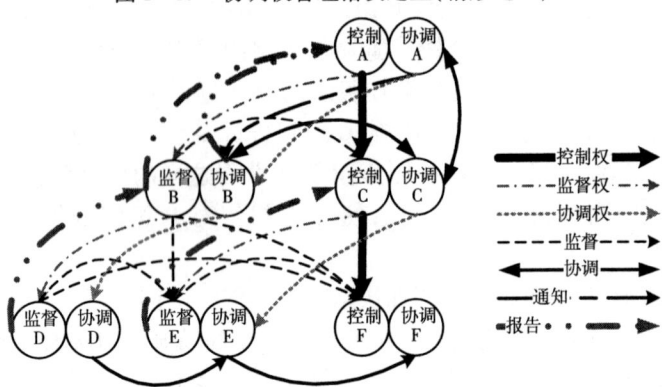

图1-60 协调权管理错误之六(情形之一)

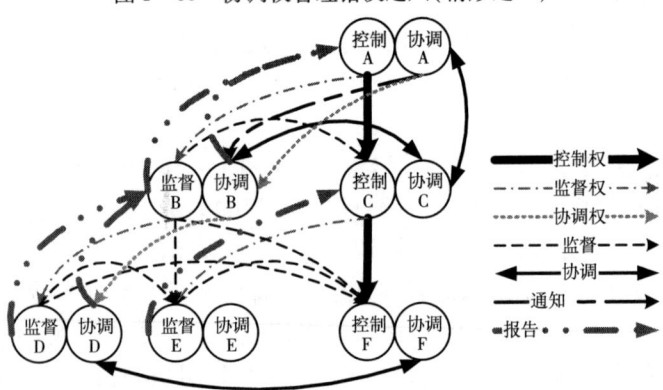

图1-61 协调权管理错误之七(情形之三)

情形之一:D 组织在监督过程中,认为改变某一方案对工程有利,经与 F 协调,F 同意了 D 组织的意见,并按照 D 组织的要求组织实施。E 组织在监督过程中发现 F 组织未按照批准的方案组织实施,要求 F 组织改正,F 组织强调方案更改经过了 D 组织的同意,E 组织强调未经 C 组织同意,F 组织不得更改实施方案,F 组织与 D 组织协调,D 组织指出 E 组织的工作不力,业务水平差,造成 D 组织与 E 组织之间产生矛盾。E 组织为了避免进一步损失,请求 C 组织对 F 组织行驶控制权,C 组织要求 F 组织改正,F 组织根据 C 组织的要求,放弃了 D 组织提出的方案。由于方案变更了造成 F 组织损失,F 组织向 C 组织主张时,C 组织不予受理,向 D 组织主张时,D 组织也不予受理,造成 F 组织与 D 组织之间产生矛盾。

情形之二:D 组织在监督过程中,认为改变某一方案对工程有利,经与 E 协调,F 同意了 D 组织的意见,并按照 D 组织的要求组织实施。B 组织在进行监督检查时,发现了 F 组织的变更方案不符合要求,通过 C 组织要求 F 组织改正,造成 D、E、F 组织之间矛盾。

情形之三:D 组织在监督过程中,认为改变某一方案对工程有利,经与 F 协调,F 同意了 D 组织的意见,D 组织把协调结果向 B 组织进行了报告,并请求进一步指示。B 组织与 C 组织协调时,C 组织认为 F 组织不经 C 组织同意,私自与 B 组织协调,对 F 组织提出了警告批评,致使协调无果。

错误之八(图 1-62):在多层管理体系中,经审批的方案,授权监督权人和授权控制权人不能借协调权对方案进行更改,否则,会产生管理矛盾。例如:有 A、B、C、D、E、F 五个组织,A 组织授权 B 组织监督并赋予协调权,授权 C 组织控制,C 组织进一步授权 F 组织控制,授权 E 组织监督并赋予协调权。在项目实施过程中,F 组织发现执行的方案与过余保守,经与 E 组织协调,E 组织同意变更方案,F 组织并组织执行,D 组织在监督过程中,发现 F 组织未按批准的方案执行,并下发了不符合项报告。C 组织收到不符合项报告后,指令 F 组织整改,致使 E 组织与 F 组织之间的协调无效。

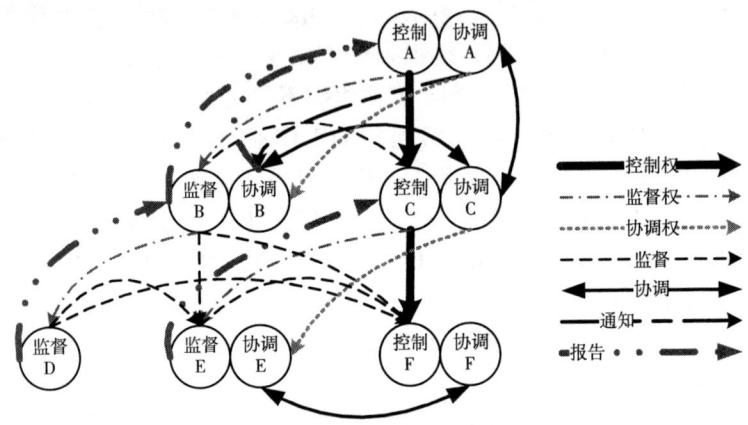

图 1-62　协调权管理错误之八

错误之九(图 1-63)、错误之十(图 1-64)与错误之十一(图 1-65):在多层管理体系中,经审批的方案,授权控制权人不能借协调权对方案进行更改,否则,会产生管理矛盾;或者,授权控制权人按程序进行了报告,并获得审批,但控制权人未将审批成果通知监督权人,产生管理矛盾;或者,授权控制权人通知控制权人的监

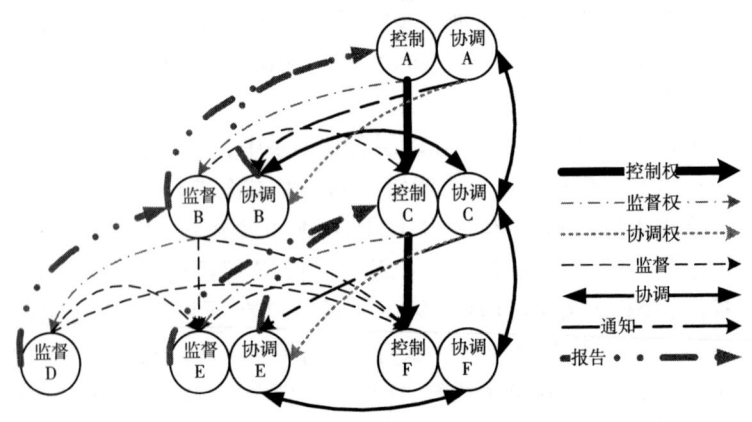

图 1-63　协调权管理错误之九(情形之一)

督权人，但未向控制权人报告，造成管理矛盾。例如：有 A、B、C、D、E、F 五个组织，A 组织授权 B 组织监督并赋予协调权，授权 C 组织控制，C 组织进一步授权 F 组织控制，授权 E 组织监督并赋予协调权。在项目实施过程中，可能会出现三种情形。

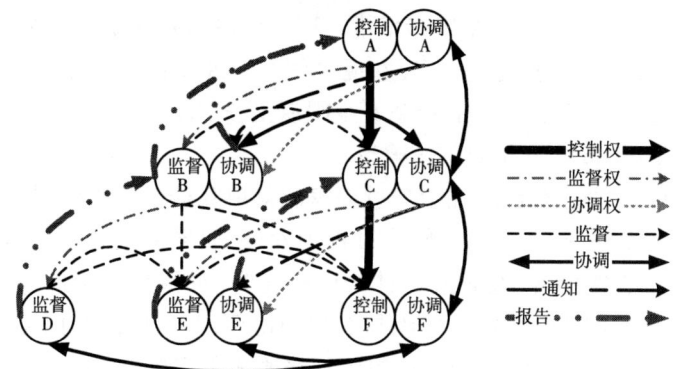

图 1-64　协调权管理错误之十（情形之二）

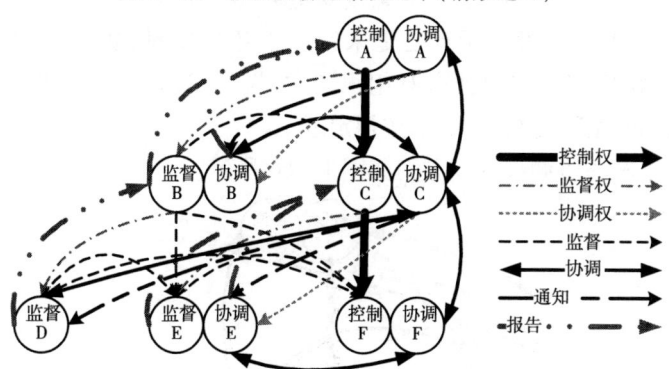

图 1-65　协调权管理错误之十一（情形之三）

情形之一：C 组织在管理过程发现某项设计错误，对设计方案进行了修改，在修改过程中，发现如果削减某项功能后，会大大节省投资，在修改设计错误的同时，对原有功能进行了修改，由于工程量减少，C 组织与 F 组织协调，并达成的费用变更协议。在变更方案实施过程中，D 组织向 B 组织进行了报告，B 组织经核实后，向 A 组织进行了报告，A 组织认为 C 组织的行为超出了授权范围，影响了 A 组织的利益,指令 C 组织提交变更方案,供 A 组织审批。

情形之二:C 组织在管理过程发现某项设计错误,对设计方案进行了修改,在修改过程中,发现如果削减某项功能后,会大大节省投资。在修改设计错误的同时,对原有功能进行了修改,并与 B 组织协调,最终获得 A 组织批准。F 组织在实施变更方案的过程中,D 组织进行了监督检查,发现 F 组织与原审批的方案不一致,就下达了不符合项通知,指令 F 组织返工,F 组织向 D 组织反映了变更情况,造成 D 组织工作被动。

情形之三:C 组织在管理过程发现某项隐蔽工程设计错误,对设计方案进行了修改,在修改过程中发现,如果削减某项功能后,会大大节省投资,在修改设计错误的同时,对原有功能进行了修改。由于工程量减少,C 组织与 F 组织协调,并达成的费用变更协议,为争取 D 组织的支持,C 组织把修改成果报告 D 组织,征得 D 组织同意,由于时间紧,F 组织按变更方案完成了各项工作。工程验收时,A 组织发现设计变更未经过 A 组织审批,要求 C 组织返工,C 组织声明,当时征得 D 组织同意,为此,A 组织对 B 组织与 C 组织同时给予处罚,并要求按规定返工。

正确的协调权管理方案如图 1-66 所示。

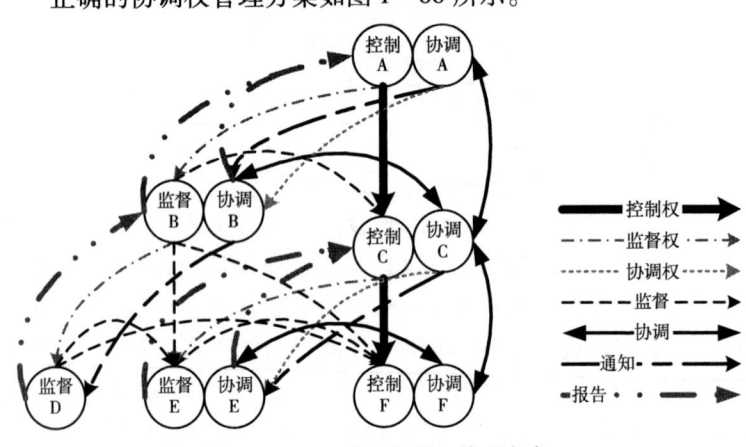

图 1-66 正确的协调权管理方案

在业主+PMC+EPC模式下正确的协调方案主要有两种情形：一种是根据业主授权，开发协调工作（图1-67a）；另一种是业主授权PMC对EPC实施控制，PMC根据PMC的控制权开发协调工作(1-67b)。

协调权的管理应重点关注：

①协调应在授权人与被授权人之间进行，当授权人委托监督权人行驶协调权时，授权人应向协调人明示协调的范围；当授权人未委托监督权人行驶协调权时，监督权人不得越权开展协调工作。

②当授权监督权人开展协调工作时，监督权人应将协调过程进展情况及成果及时向授权人报告，并及时向授权人征求下一步协调指令。

③当授权监督权人开展协调工作时，监督权人不宜将协调工作再行分解，以免造成越权，导致无效协调。监督权人在未经授权的情况不宜主动与授权控制权人的开展协调工作，如需要开展协调的工作时，应事先请示控制权人，以避免产生矛盾。

④协调涉及资源调整时，协调成果应按程序进行审批或确认，不得因为协调而超越程序，造成管理矛盾。

⑤协调是促进各方认清责任与履行责任的重要措施，是化解矛盾，当授权人与被授权人处于矛盾时，应注意协调工作方式，避免生产矛盾和激化矛盾。

⑥通过协调可以获得工作的组织权，不应把这种组织权视为控制权而施发号令，如果需要对工作相关事宜进行控制，仍需请示具有控制权的人做出，也不应把这种组织权视为监督权而检查与评审他人工作，只能根据对项目或机构"有利"的方式进行报告。如果需要对工作相关事宜进行监督，仍需请示具有监督权的人做出。如果协调成果需要各方确认，应按规定的程序组织确认，不应把协调的成果视为已经正式确认。

1.9.5 考核依约

考核是授权人对被授权人的一种目标管理机制，是授权人的

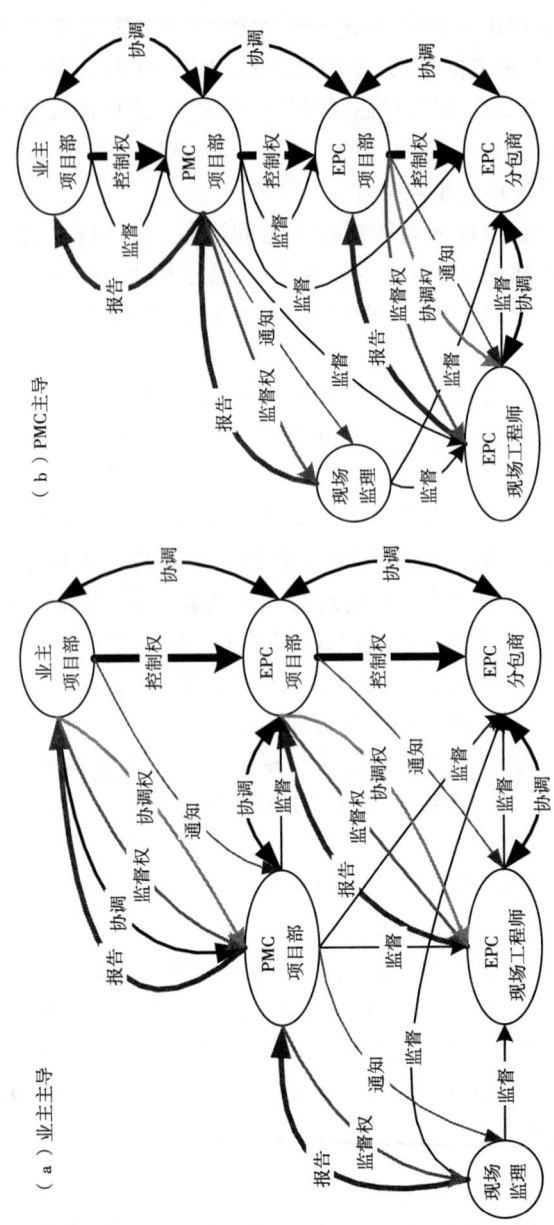

图1-67 业主+PMC+EPC模式正确的协调方案

一种伴生权。考核的目的是为了让被授权人将资源向授权人所希望的方向调整,以获得授权人所希望的绩效。考核人员必须有控制权即"有权",或者,有监督权即"有势"。考核结果必须形成报告,报告必须有明确的奖励和处罚结论,并由有控制权的人批准,并按照控制层级,由控制权的人发布。考核是一项具有时效性的工作,事中考核才有利于的提高项目运行的绩效。

在大型项目管理过程中,考核是一种伴生管理权,使用不当会造成管理矛盾,或者无效考核,常见的主要错误有:

错误之一(图1-68):监督权人在控制权人未授权的情况下,对控制权人的授权控制权人考核,考核结果,不被控制权人认可,考核结果无效。例如:有A、B、C三个组织,A组织具有控制权,赋予B组织监督权,授予C组织控制权。在项目实施过程中,B组织根据收集的信息,向A组织提交了对C组织的考核报告,A组织未采纳B组织对C组织考核要求,原因是A组织与C组织未约定考核要求,A组织对C组织的考核,C组织不予支持。

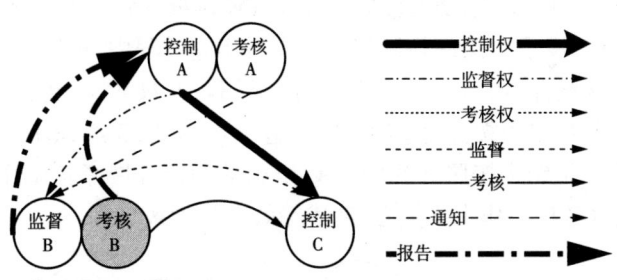

图1-68 考核权管理错误之一

错误之二(图1-69):监督权人在控制权人授权情况之下,对控制权人的授权控制权人考核,但对考核依约不理解,未按照约定开展考核工作,考核结果不被控制权人认可,考核结论无效。例如:有A、B、C三个组织,A组织具有控制权,赋予B组织监督权与考核权,授予C组织控制权。在项目实施过程中,B组织根据收集的信息和自身的经验,向A组织提交了对C组织的考核报告,A组织要求C组织按照考核报告,改进工作绩效,C组织不予支持,原因是B组织未按照A组织与C组织的约定开展考核工作。

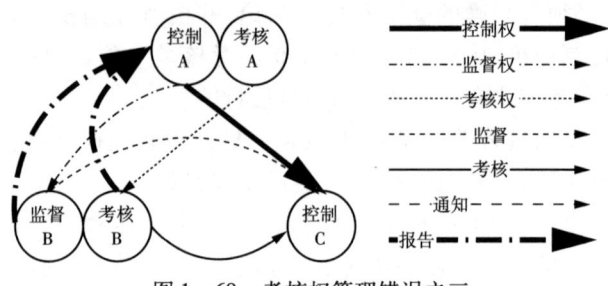

图1-69 考核权管理错误之三

错误之三(图1-70):监督权人在控制权人授权情况之下,对控制权人的授权控制权人考核,但对考核依约不理解,未按照约定开展考核工作,考核结果不被控制权人认可,考核结论无效,为此控制权人又独自开展对授权控制权人进行考核,但仍然没有效果。例如:有A、B、C三个组织,A组织具有控制权,赋予B组织监督权与考核权,授予C组织控制权。在项目实施过程中,A组织对B组织的考核报告不满意,又根据自身的经验,开展对C组织考核,A组织要求C组织按照考核报告,改进工作绩效,C组织不予支持,原因是A组织未按照A组织与C组织的约定开展考核工作,从此B组织对考核工作也不关心,造成绩效考核无效。

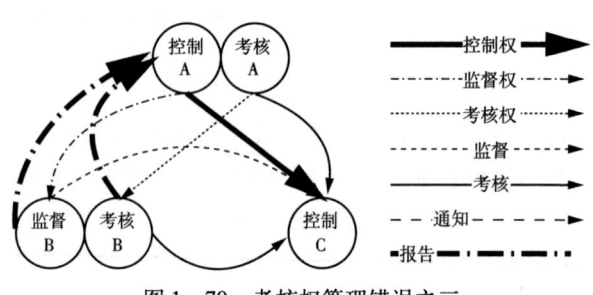

图1-70 考核权管理错误之三

错误之四(图1-71):监督权人在控制权人授权情况之下,对控制权人的授权控制权人考核,但对考核依约不理解,未按照约定开展考核工作,造成绩效考核未起到应有的作用,为此控制权人对监督权人进行绩效考核,但控制权人未事先约定与监督权人的考核内容,导致考核无效。例如:有A、B、C三个组织,A组织具有控制权,赋予B组织监督权与考核权,授予C组织控制权。在项目实施过程中,B组织依据经验对C组织进行了考核,A组织依据经验对B组织进行了考核,由于A、B组织均未按照约定开展考核工作,考核结果无效。

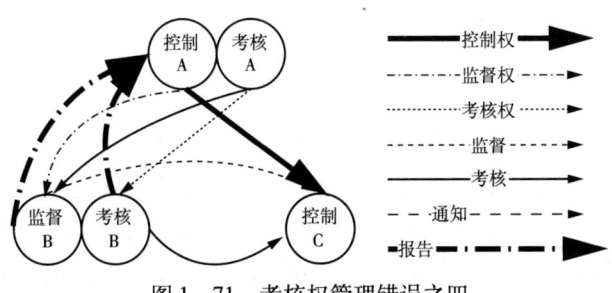

图1-71 考核权管理错误之四

错误之五和错误之六:考核体系不完整,或者超越管理权限开展考核工作,导致考核工作失去应有的效果。例如:有A、B、C、D、E、F六个组织,A组织授权B组织监督并赋予考核权,授权C组织控制,C组织进一步授权F组织控制,授权E组织监督并赋予考核权。在项目实施过程中,由于B组织未能事先约定对C组织的考核,使得B组织尽管有A组织的授权,但难以真正对C组织实施有效的考核。C组织由于缺乏考核的约束,也放弃了对E组织和F组织的考核。A组织为了加强管理,强化了对B组织的考核,B组织加强了对D组织的管理,授权D组织对E组织和F组织考核,D组织根据B组织的授权开展了对E组织和F组织的考核工作,由于D组织对F组织的考核,E组织也放弃了对F组织考核的积极性。当C组织收到考核报告时,指出了考核报告中的多处错误,并强调E组织存在的问题,是由D组织管理不当造成的,A组织批评了 B 组织，B 组织也批评了 D 组织，导致考核工作失败（图 1-72）。

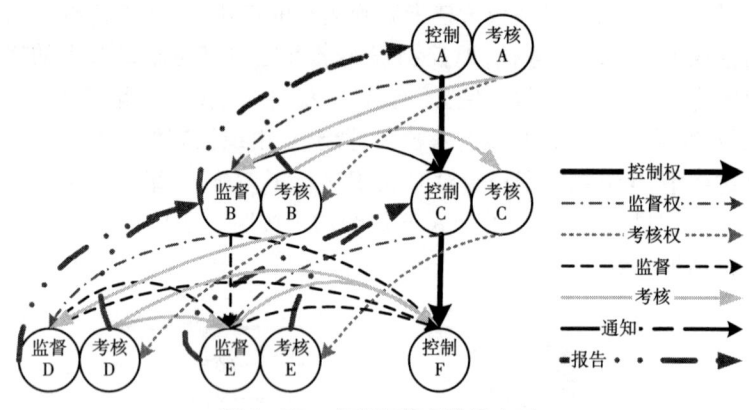

图 1-72　考核权管理错误之五

B 组织为了吸取教训，由 B 组织直接组织考核工作，对 C、D、E、F 组织进行了打分评比，排队列序，并将结果报告 A 组织，A 组织同意后，由 B 组织发布。通过多次考核，C、E、F 组织的绩效并未有实质性的改观，A 组织认为绩效考核在项目管理中没有效果，最终放弃了绩效考核管理措施（图 1-73）。

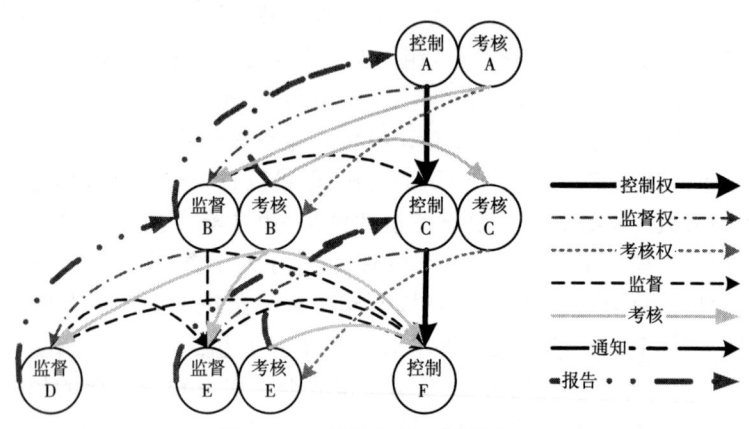

图 1-73　考核权管理错误之六

正确的考核权管理方案如图 1-74 所示。

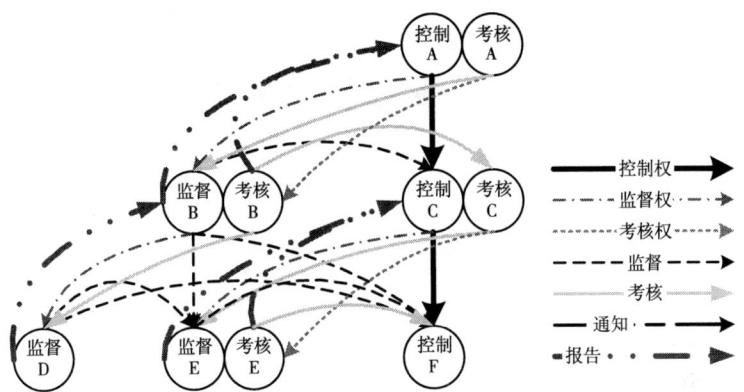

图 1-74　正确的考核权管理方案

在业主+PMC+EPC 模式下正确的考核方案主要有两种情形：一种是根据业主授权和合同约定，开展考核工作（图 1-75a）；另一种是业主授权 PMC 对 EPC 实施控制，PMC 根据其控制权和合同约定开展考核工作（图 1-75b）。

考核必须依据合同约定进行，考核信息源于管理过程中的控制信息、监督信息和确认信息和协调信息。在项目管理过程中的考核工作主要是针对管理网络上的管理节点，根据承担的责任，按照本位管理的原则，实施考核。考核权的管理应重点关注：

①考核应在控制权人与被控制人之间进行，当控制人委托监督权人行驶考核权时，控制人应向考核人明示考核约定的内容与程序；当控制人未委托监督权人行使考核权时，监督权人不得越权开展考核工作。

②考核应当按照规定的顺序进行，以便促进各级加强管理，超权实施考核会导致考核无效。

③当授权监督权人开展考核工作时，监督权人不宜将考核工作再行分解，以免造成越权，导致无效考核。

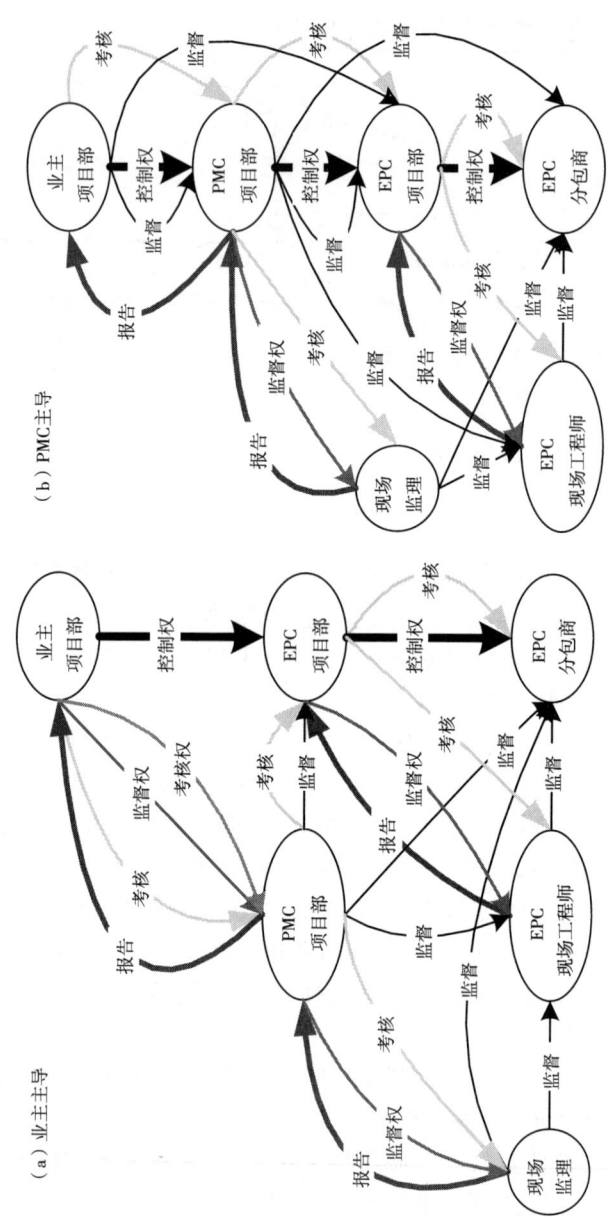

图1-75 业主+PMC+EPC模式正确的考核方案

④在复杂的管理体系中,一个管理节点涉及多个相关管理节点,考核工作应系统化,避免考核矛盾,使考核无效。

⑤考核约定中宜有奖励和处罚措施,如果没有奖励措施,至少应有处罚措施,只有带剑的考核,才能快速促进被控制人积极调动资源,通过绩效考核措施,促进被控制人不断提高绩效水平,否则,绩效考核工作只能流于形式。

在业主+PMC+EPC模式下,各管理节点的考核内容与考核责任人见表1-5。

表1-5 业主+PMC+EPC模式下的绩效考核

序号	管理节点	考核内容	信息来源	考核责任人
1	PMC项目部	1. PMC项目部自身管理 2. 对EPC的管理(监督、确认和协调)	业主监督信息	业主
2	现场监理	1. 现场监理自身管理 2. 对承包商的监督和确认	PMC监督信息	PMC项目部
3	EPC项目部	1. EPC项目部自身管理 2. EPC项目部的管理(控制、监督、确认、协调和执行)	PMC监督、确认和协调信息	PMC项目部
4	EPC现场工程师	1. EPC现场工程师自身管理 2. 对承包商的监督与确认	EPC监督与确认信息	EPC项目部
5	EPC分包商	1. EPC分包商自身管理 2. EPC分包商的管理(控制、监督、执行和协调)	EPC控制、监督、确认和协调信息	EPC项目部

根据以上项目管理五项原则,确立的各管理节点之间的管理关系,图1-76a为业主主导,由业主对EPC实施控制,PMC为业主管理提供支持服务,图1-76b为PMC主导,即业主授权PMC对EPC实施控制,由PMC对EPC实施全面的管理。

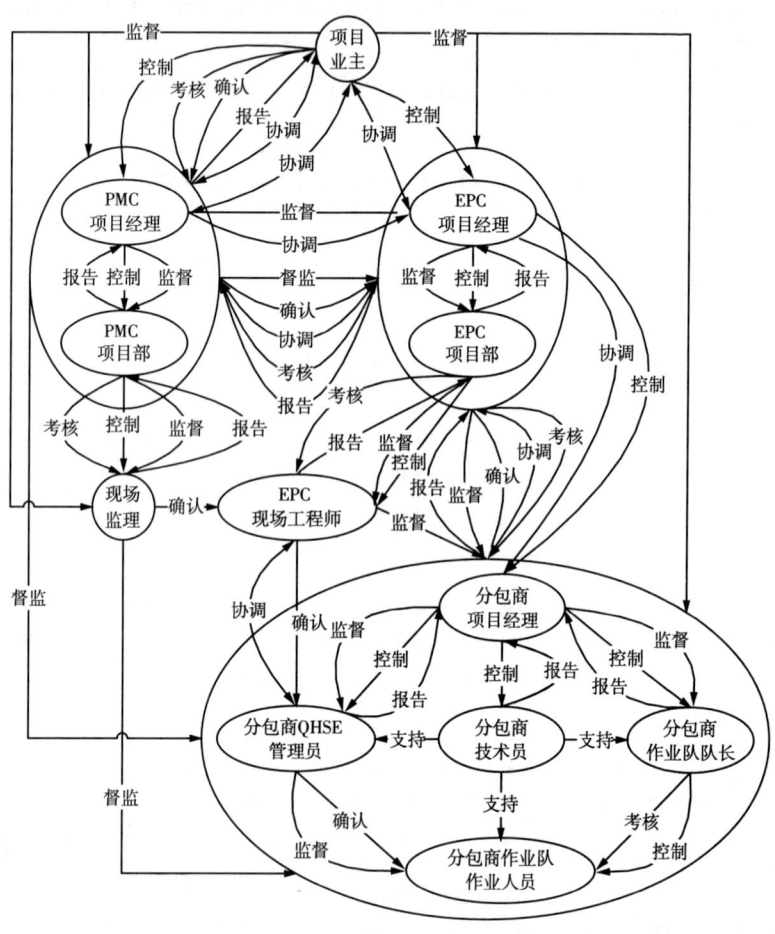

图1-76a 业主+PMC+EPC模式下的管理关系图(业主主导)

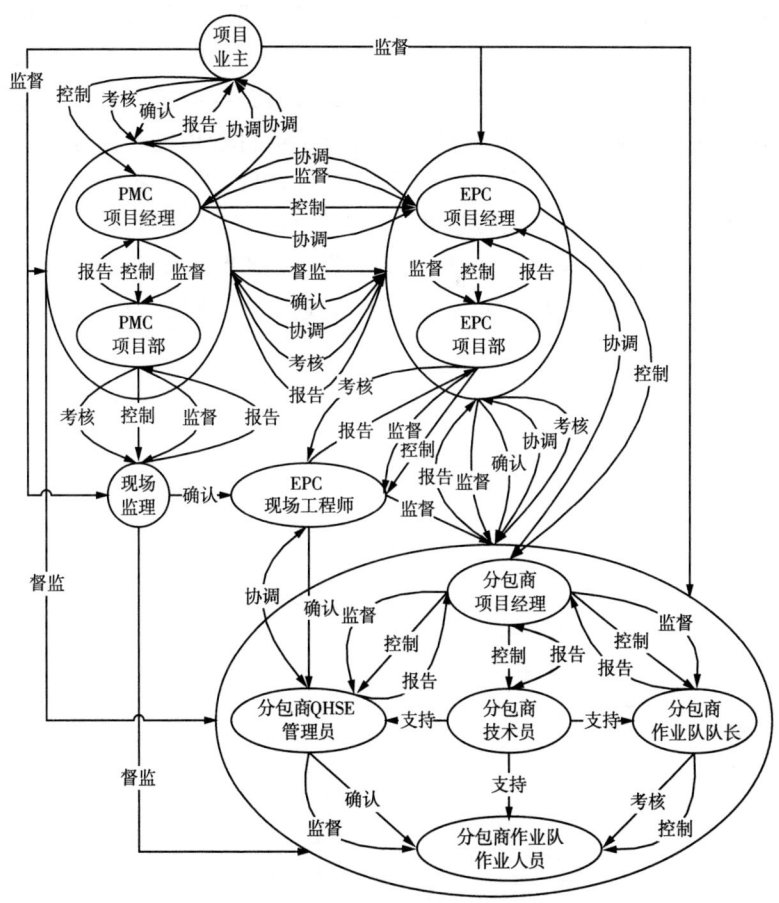

图1-76b　业主+PMC+EPC模式下的管理关系图（PMC主导）

项目管理的五项基本原则，把管理界面与参与人员的职责相结合，分清不同职位的管理人员在项目管理中的不同作用。各级管理人员根据管理的五项项基本原则，找到与其他单位的管理衔接点，实现统筹兼顾，建立业主、PMC、EPC和分包商一体化的管理体系，从而明确定位，各负其责，各司其职，控制不越权，监督不缺位，行为规范，管理科学，充分调动工程参与各方的主动性、积极性和创造性,使各项工作有机、有序、有效地进行。项目管理的五项基本原则解决了长期以来,在复杂项目管理环境中,让没控制权限的管理人员履行控制职责的困局,让具有监督权限的管理人员不敢发布监督报告的难题,促进了传统简单项目管理模式向复杂项目管理的演变,破解了传统管理方法的局限性,促进各方认清责任,促进各方履行责任,促进各方提升绩效。实践证明,在复杂项目管理中,坚持五项管理原则,项目就顺,否则就会出现越权,或是缺位,职责不清,服务不准,观念不正,管理不顺等问题。

第 2 章

复杂项目管理策划与设计基础

2.1 项目管理策划与设计的目的和意义

现代工程管理是以追求成功为目标的管理,为成功而开展竞争,谋求发挥自身优势,为成功而开展合作,谋求分散自身风险,为成功而争取一切积极因素,削减一切消极因素。彼此约束、互利共赢,成为企业之间走向联合,共同发展的主题,项目管理需求与服务环境共同推动了项目管理发展(图 2-1)。

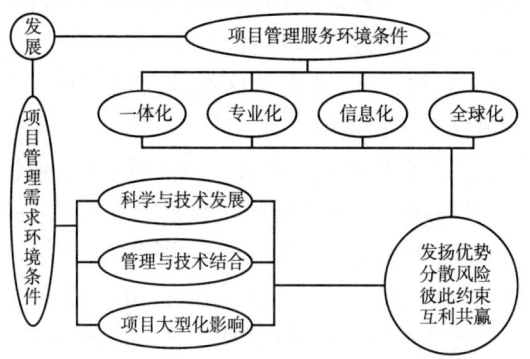

图 2-1 管理需求和服务环境与项目管理发展

大型复杂项目管理通常具有管理层次多,不同的相关组织,其有不同利益目标的特点,从而造成决策目标多样化。由于项目整体的系统性,管理节点的独立性,节点之间的关联性,造就了管理的复杂性,项目风险与机遇并存。大型项目的管理过程是一个不断谈判的过程,有规则的谈判,有利于问题快速解决,无规则的谈判,会造成问题难于解决。规则可以是事先约定,也可以事前制定,事先约定规则,能够系统策划管理界面与责任,各方易于接受,有利于主动管理风险,事前制定规则,往往由于各方利益不同,有时难于达成一致,不利于主动控制风险。项目管理策划与管理者的风格有关,凭知识或者经验开展项目管理的管理者,往往对事前开展项目管理策划不感兴趣,难于开展项目管理策划;把经验变成知识,用知识管理项目的管理者,往往注重项目策划工作。管理者的管理风格与项目管理策划的关系如图2-2所示。

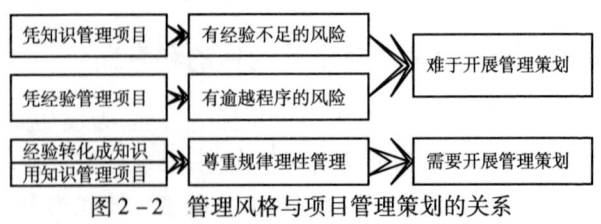

图2-2 管理风格与项目管理策划的关系

项目管理策划与设计的目的是:根据项目管理的服务能力和需求,从系统性、完整性管理角度出发,全面关注项目参与单位的利益,以一体化的管理思想,以项目和项目参与单位成功为目标,进行项目管理策划与设计,建立共同性约束机制和一致性决策机制,才能保证项目的顺利实施。

一体化管理设计方案的实现方式就是标准化,而标准化的实质是整体抑制了局部的功能及局部间联系的混乱和不确定性而导致的功能突现,即整体的混沌抑制,导致功能突现。

根据过程管理信息对标准化文件执行情况的评估,采用统一信息收集格式、处理平台,使项目管理信息以最快的速度展现各级决策者眼中,以便改进工作,促进项目管理进一步完善。

项目过程管理策划与设计的总体思路是:管理一体化,文件标准化,过程信息化,如图2-3所示。

通过项目管理策划与设计,明确工作内容、交付成果、管理界

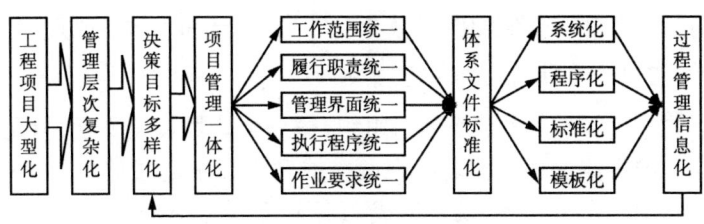

图2-3 复杂项目管理策划与设计的总体思路

面,活动程序和作业要求,解决复杂项目管理过程中组织内部、组织之间人与人、人与事、事与事之间的关系,形成项目管理手册、程序文件和作业文件(图2-4)。项目管理策划与设计是建立大型复杂项目的管理基础。

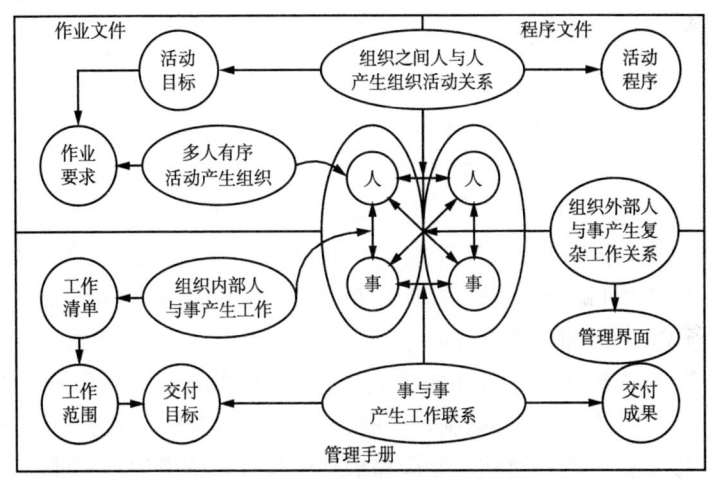

图2-4 项目管理策划与设计的基本过程

2.2 复杂项目管理策划与设计的基本原则

复杂项目管理策划与设计的目的是通过项目管理要素在多层组织间的合理分配与组合,达到有效配置资源,合理分配利益,提高整个项目的运行效率与效益。复杂项目管理策划与设计一般遵循八项原则,即主体责任唯一性原则、亲属相隐原则、组织独立与协同原则、系统优化原则、管理层次与效率效益原则、授权与控制平衡原则、协调与工作清单一致性原则、绩效考核与工程款支付一致性原则。

2.2.1 主体责任唯一性原则

每一个管理体系或者参与组织,每一个项目管理要素,只允许有唯一的主体责任人。若存在两个或两个以上的主体责任人时,如果其中一人不作为,就会造成职责不清,责任不明,相互扯皮现象。因此,当存在两个或两个以上的主体责任人,就应对该项目管理要素进一步分解或者整合,直到有唯一的主体责任人。

主体责任唯一性原则在实际操作过程主要有两种情形:一是有规则约束下的主体责任唯一性原则;二是民主集中制下的主体责任唯一性原则。有规则约束下的主体责任唯一性原则主要涉及到项目管理中的控制、确认和执行管理要素,民主集中制下的主体责任唯一性原则一般只涉及到项目管理中的确认管理要素。

情形之一:有规则约束下的主体责任唯一性原则。

例如:某管道工程管材供应涉及到业主项目部、初步设计单位、制造厂商、PMC 项目部、驻厂监造、现场监理、EPC 项目部、EPC 现场代表、详细设计承包商、物资中转站、施工承包商十一个组织。

业主项目部负责管理总体控制,尽可能减少管材剩余量。

PMC 项目部是管材生产、运输、中转、储存、焊接等数据统计分析的监督人向业主项目部提供决策支持,协调制管厂商和 EPC 项目部提出供求计划,协调制管厂商和 EPC 项目部平衡供求计划,负责根据管材生产调遣驻厂监造和根据接收管材调遣现场监理。

EPC 项目部是管材设计、生产、运输、中转、储存、焊接等数据收集,分析、调整与报告责任人,负责调遣详细设计承包商提出详细管理设计数据,负责中转站管材调度管理,负责施工承包商管材使用管理,负责派遣 EPC 现场代表对施工承包商材料使用状况监督。

管材实施过程管理如图 2-5 所示。

根据主体责任唯一性原则,对管材管理过程中的管理要素分析如下:

业主项目部是控制管材生产数量管材的唯一主体责任人,即:

第2章 复杂项目管理策划与设计基础

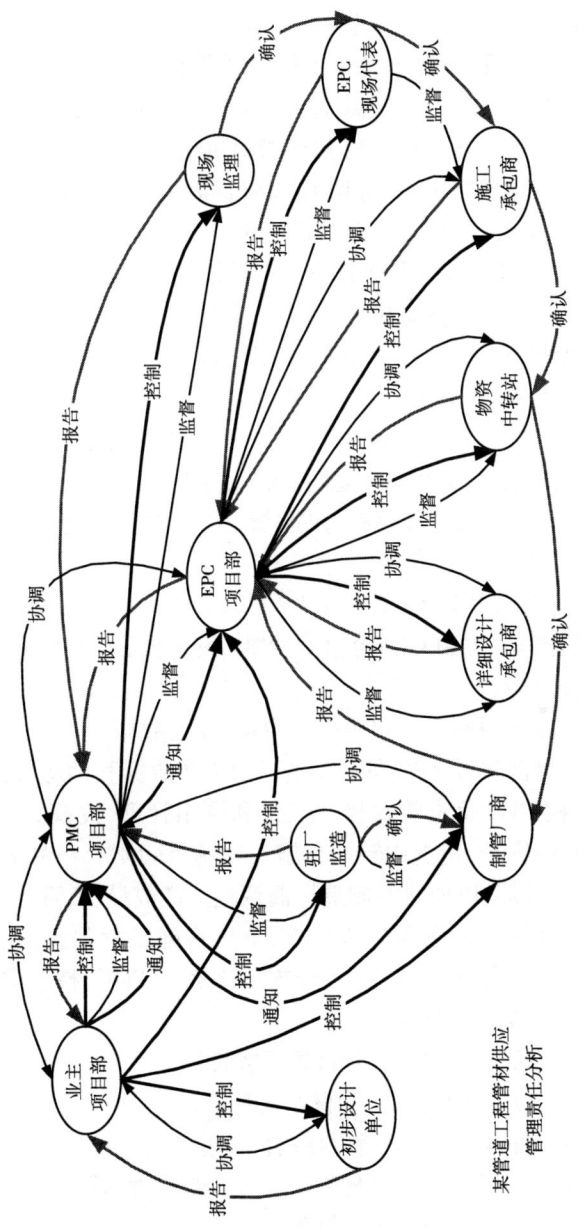

图2-5 管材供应管理关系

业主项目部 = {控制 A(管材生产数量)}

业主项目部要求初步设计单位提供管材订货数据,初步设计单位是对所提供管材供应数量负责的主体责任人,即:

初步设计单位 = {执行 A(提供管材供应数量)}

业主项目部要求 PMC 协调 EPC 管材需求,协调制造厂商生产需求,平衡供需计划,供业主项目部决策,即:

PMC 项目部 = {协调 A(管材生产计划)}

PMC 项目部 = {协调 B(管材需求计划)}

PMC 项目部 = {计划 A(供需平衡计划)}

制造厂商 = {计划 B(生产计划)}

EPC 项目部 = {计划 C(需求综合平衡需求计划)}

业主授权制造厂商根据事先约定的数量生产,接受业主授权机构发出的调整指令,向业主授权机构提供管材生产数据、发运数据,即:

制造厂商 = {控制 B(管材生产)}

制造厂商 = {执行 B(管材生产)}

制造厂商 = {控制 C(提供生产数据、发运数据)}(根据业主授权,控制权转移)

制造厂商 = {执行 C(提供生产数据、发运数据)}

业主项目部授权 EPC 负责制造厂商生产数据和调运数据的收集管理,授权 EPC 负责管材接、检、保和调用管理,授权 EPC 进行管理供需平衡管理,负责中转站和施工现场检验不合格品数据,反馈给 PMC 项目部,以便协调制造厂商调整生产数量,负责将施工承包商焊接与详细设计数据初步校核,负责将施工承包商下沟回填与详细设计数据最终校核,并将校核结果提交 PMC,授权 PMC 负责管材调运的监督管理,即:

EPC 项目部 = {控制 D(管材调运数量)}

PMC 项目部 = {监督 A(管材调运数量)}

EPC 项目部 = {执行 D(管材综合平衡)}

PMC 授权驻厂监造对管材制造进行监督管理,即:

驻厂监造 = {监督 B(管材制造)}

PMC派遣现场监理对对现场管材进行监督管理,即:

现场监理 = {监督 C(现场管理使用)}

EPC项目部要求详细设计承包商提出详细管理设计数据,并根据设计数据安排中转站和施工承包商的生产活动,即:

详细设计承包商 = {执行 E(提供详细设计管材数据)}

EPC项目部 = {计划 D(中转站计划,承包商计划)}

EPC项目部要求制造厂商及时提供生产数据,以便做好中转及施工承包商生产安排,即:根据业主授权,由制造厂商向EPC项目部提供数据。

EPC项目部授权中转站对管理接、检、保、放管理,要求中转站及时提供接收与检验数据,并把不合品及整改数据反馈给EPC项目部,即:

中转站 = {控制 E(中转站管材管理)}

中转站 = {执行 F(接收数据,制造厂商与中转站检验不合格品数差)}

中转站 = {执行 G(储存数据,发放数据)}

EPC项目部授权施工承包商根据管材供应计划组织生产,授权施工承包商负责接收后的管材管理,要求施工承包商及时提供接、检数据,焊接完成数据,下沟回填数据,并对详细设计数据进行初步校核和下沟回填数据最终校核,EPC项目部授权EPC现场代表对进场管材使用情况监督,即:

承包商 = {控制 F(接收后的管材管理)}

承包商 = {执行 H(接收数据、制造厂商与施工现场检验不合格品数差)}

承包商 = {执行 I(焊接完成数据)}

承包商 = {执行 J(下沟回填数据)}

承包商 = {执行 K(施工承包商焊接与详细设计数据初步校核)}

承包商 = {执行 L(施工承包商下沟回填与详细设计数据最终校核)}

EPC现场代表 = {监督 D(现场管材使用情况)}

根据以上分析,管理要素之间的关系如图2-6所示。

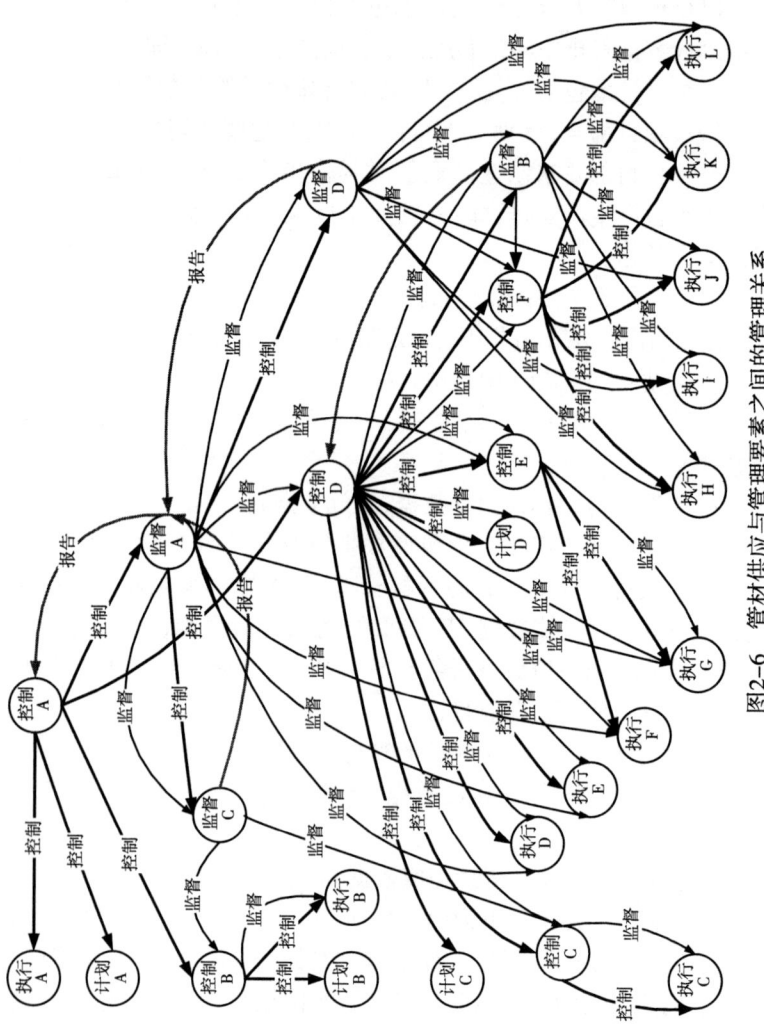

图2-6 管材供应与管理要素之间的管理关系

情形之二:民主集中制下的主体责任唯一性原则。

例如,招标评标由专家进行评分后,最终由业主确认,技术方案经专家评审之后,最终由业主确认等等情形。如图 2-7 所示,A、B、C、D 四个组织对 E、F、G 三个组织的执行情况进行确认,当 B、C、D 三个组织同时对某一组织执行进行确认时,就必须在 B、C、D 之上增设一个组织,如 A,对 B、C、D 的确认进行确认。如果 A 参与对某一组织执进行确认,那么 A 与 B、C、D 的比重应事先约定,在 A、B、C、D 确认完成后,再由 A 进行最终确认。

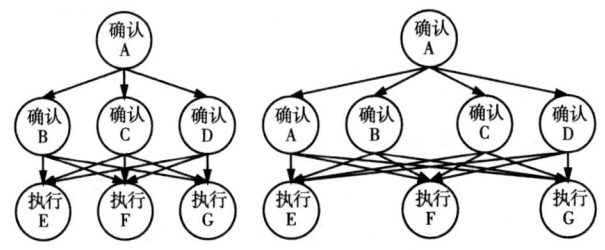

图 2-7 正确的民主集中管理方案

否则,A 组织越过 B、C、D 组织,致使 B、C、D 的确认不可靠,影响 B、C、D 的积极性,导致确认结果不可靠,从而影响决策结果(图 2-8)。

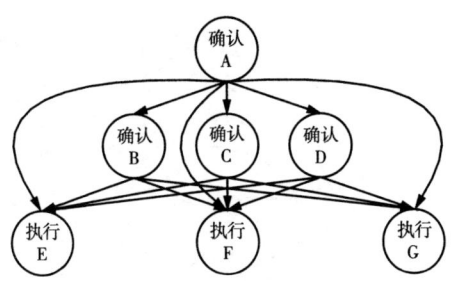

图 2-8 不正确的民主集中管理方案

2.2.2 亲属相隐原则

亲属相隐就是一个组织内部(如设计、施工单位等)存在希望传递对该组织有利信息,避免传递对该组织不利信息倾向的现象。复杂项目管理策划与设计时,应承认这一客观现象,信息是项目管理的基础和前提,项目管理要素重组应保证信息传递对该组织有利,避免不利而产生信息传递断链,当不能保证时,应设置独立的组织,保证项目有效运行。

亲属相隐致使信息断链通常有两种情况,其一是管理体系中组织缺失,二是授权不符合规律。

情况之一:组织缺失造成由于亲属相隐而使信息传递断链。

在图2-9中,B、D、G向A报告C、E、H、F、I和J的情况,而不会主动报告B、D、G自身不利情况,同样C、E、H、F、I和J不会主动向A、B、D、G自身不利情况;E、H向C报告F、I和J的情况,而不会主动报告E、H自身不利情况,同样F、I和J不会主动向C、E和H报告自身不利情况;I向F报告J的情况,不会主动报告I自身不利情况,J不会主动向F和I报告自身不利情况。在体系不完善的情况下,由于亲属相隐的作用,会造成管理混乱。

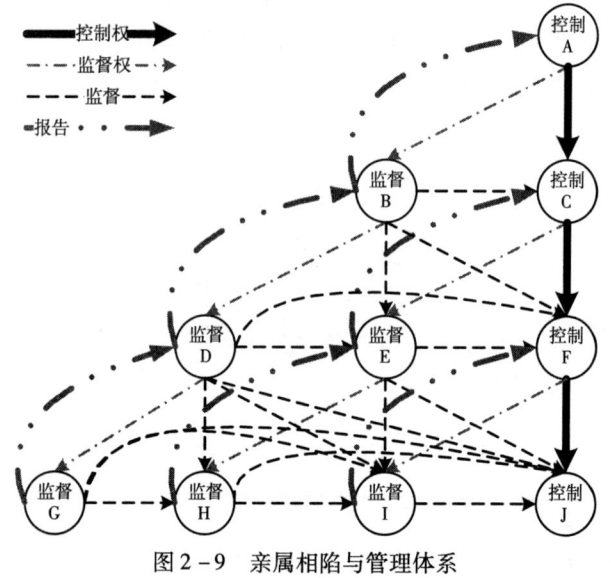

图2-9 亲属相陷与管理体系

图 2-10 中,有 A、B、C、D 四个组织,A 组织依靠 B 组织收集 D 组织的信息对 C 组织进行管理,C 组织依靠 D 组织报告信息接受 A 组织的管理。D 组织只向 C 组织报告的对自身有利的信息,A 组织向 C 组织通报了 D 组织存在的问题,要求 C 组织加强对 D 组织的管理,由于 C 组织难于收到 D 组织的真实情况,使 C 组织在整个管理系统中处于被动局面。C 组织为了扭转管理被动局面,增加了 E 组织,收集 D 组织的信息,整个管理系统得以改善。因此,判断组织设置是否合理的原则之一就是信息在传递过程中是否存在断链现象。

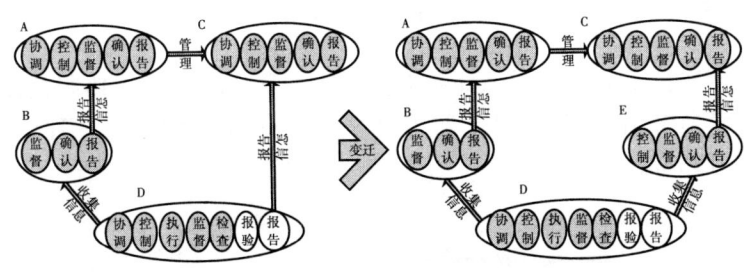

图 2-10 亲属相隐与组织变迁

情况之二:授权不符合管理规律,造成由于亲属相隐而使信息传递断链

根据控制依权,监督依势的管理原则,如果行政上存在上下级管理关系,行政隶属之势往往大于合同授权之势,在授予合同监督权与控制权时,应考虑到行政隶属关系,避免亲属相隐现象。如图 2-11 有 A、B、C、D、E、F、G、H、I、J 十个组织,其中 A 组织有 B、C、D 三个下属单位,B 组织有 E、F 两个下属单位,D 组织有 G、H、I、J 四个下属单位。

当 C 组织在 B 组织或其下属单位分配控制权时,就不应将监督权再次授予 B 组织及其下属单位,否则 C 组织由缺乏监督信息或者监督信息阻塞,难于对 B 组织及其下属组织进行管理,同样,当 C 组织在 D 组织或其下属单位分配控制权时,就不应将监督

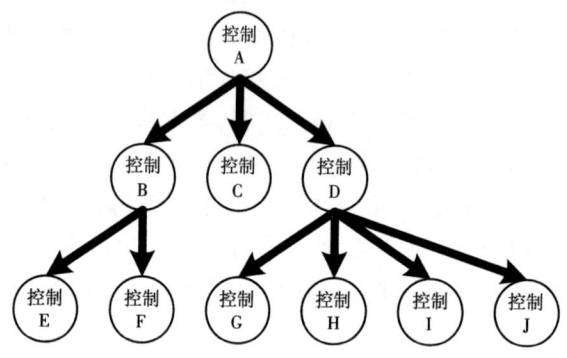

图 2-11 行政管理关系

权再次授予 D 组织及其下属单位,否则 D 组织由缺乏监督信息或者监督信息阻塞,难于对 D 组织及其下属组织进行管理(图 2-12)。

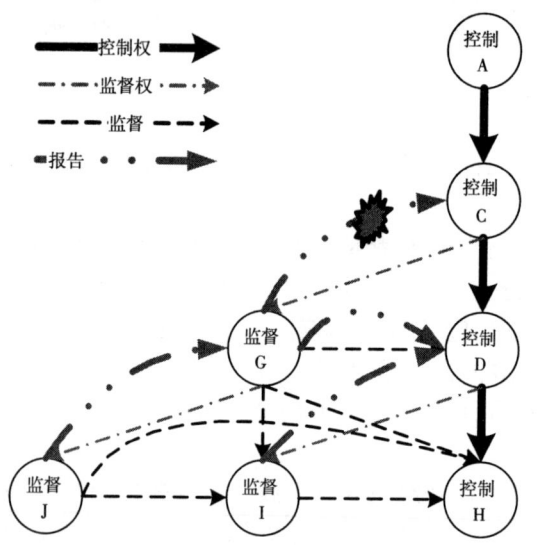

图 2-12 存在亲属相隐现象,授权不正确

C 组织要对 B 组织及其下属组织或者对 D 组织及其下属组织实施有效管理,就必须把控制权与监督授予给不同的主体,才能避免亲属相隐现象(图 2-13)。

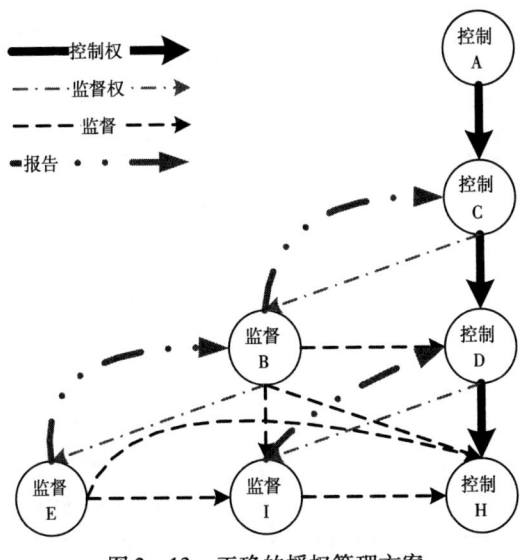

图 2-13 正确的授权管理方案

2.2.3 组织独立与协同原则

组织独立是保证项目管理过程中信息有效传递的重要条件,同一项目不同参与组织之间的职责重叠,会阻碍信息的有效传递,会降低组织的效率与效益,也是项目管理过程中产生冲突的原因之一。其来源有三个方面:一是项目管理策划与设计不合理,使组织不具备独性;二是项目管理要素主体责任人对管理体系理解不到位,为了管理方便,自行对项目管理要素进行重组;三是项目管理要素组合不理,存在事实上的职责交叉,项目管理实施过程组织之间出现协同效应,促使项目管理要素自行重组(图 2-14)。形成新的利益共同体,组织失去了独立性,造成项目管理系统失效,第一类和第三类来源,必须在复杂项目管理策划与设计时予以解决,第二类来源,在实施过中,通过一定的管理措施予以解决。

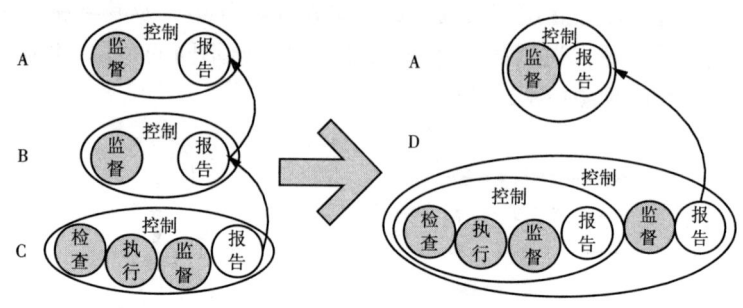

图 2-14 协同效就与组织自创

图 2-14 中,A、B、C 为三个互为独立的组织,三个组织均有控制要素,当 A 组织要求 B 组织对 C 组织实施控制,如果 B 组织对 C 组织控制不力,A 组织就要追究 B 组织责任。B 组织为了保护自身利益,当 C 组织自身控制不力时,B 组织就不会向 A 组织报告。C 组织与 A 组织之间的信息传递,B 组织进行了过滤,对 B 组织不利的信息,B 组织进行了截流,A 组织难于通过 B 组织了解到 C 组织管理的真实情况。其原因是,A 与 B 组织存在事实上的控制职责重叠,A 与 B 组织中项目管理要素组合不合理,使得 B 组织在项目管理过程中不具备独立性,B 组织倾向与 C 组织协同,产生新的 D 组织。要使 A、B、C 三个组织有效运行,避免组织自创现象,就应对 B 组织重组,即:

B = {控制,监督,报告}→B = {监督,报告}

重组之后,A 组织就能够了解到 C 组织的真实情况,并对 C 组织进行有效控制,B 组织在项目管理过程中能够保持自身的独立性。

项目管理策划与设计时,应保证组织之间,项目管理要素内涵的独立性,即 $A \cap B = \Phi, B \cap C = \Phi, A \cap C = \Phi$,判断的原则是,信息在传递过程中是否存在过滤而产生截流现象。

在如图 2-15 所示的管理体系中,由于 C 组织对控制权进行了再分配,生产了 F 组织,但未伴生监督权,作为 B 组织只有加强与 D 组织的沟通与协调,防止 D 组织与 F 组织的协同产生组织后,才能避免出现对 B 组织与 A 组织不利的影响。A 组织与 B 组织的管理对策就是独立加强不符合项管理,促进 C 组织认清责任,完善管理体系,即产生组织 G。

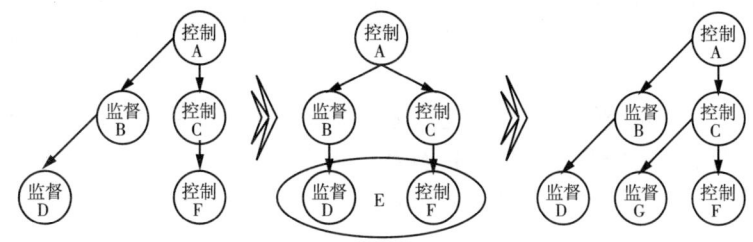

图 2-15　协同效应与体系变迁

现存监理管理模式一般均要求现场监理人员必须对施工单位进行监督和控制,当施工监理仅有一层时,这种要求符合简单项目管理规律,当施工监理为多层,如施工现场监理——区段监理——项目监理部,如果对现场监理授予监督和控制权,施工现场监理就易于同施工单位协同,区段监理、项目监理部很难了解到现场真实情况,使施工监理管理体系失效。某管道工程建设吸取了这一经验教训,施工现场监理作为 PMC 现场代表的身份出现,主要职责是过程监督、EPC 现场代表报验的确认并向 PMC 报告现场现状,取消了大部分控制权,改善了信息沟通状况,促进 PMC 对 EPC 的管理,这种职能改变是为了适应项目管理整体的需要,与现存监理有着本质上的区别,也说明现存监理模式不适应 EPC 模式的需要,必须按照市场经济法则进行改造。

2.2.4　系统优化原则

项目管理要素系统优化的方法是将参与组织中项目管理要素的共有特征或系统共性管理要素,由一组织统一进行策划、设计或实施,其它参与组织按其规定执行。针对过程动态管理要素、过程系统管理要素和系统共性管理要素具体系统优化方法如下:

过程动态管理要素系统优化的方法是将过程动态管理要素涉及的共有特征,如工作范围、履行职责、管理界面、执行程序和作业要求等,按照系统化、程序化、标准化和模板化要求,统一进行策划与设计,其他参与组织按照统一规定实施一体化管理,达到系统优化,避免同一项目各参与组织之间,管理不统一,衔接不顺畅,造成混乱。

过程系统管理要素系统优化的方法是对过程系统管理要素涉及的信息流向和标准格式进行系统策划与设计,其他参与组织按照统一规定的信息流向和标准格式进行管理。过程系统管理要素优化为项目信息化管理设计提供基础,大型复杂项目在管理过程中产生大量的信息,统一的信息处理平台和标准信息收集格式,使项目管理信息以最快的速度展现在各级决策者眼中,改善项目管理工作,提高系统效率与效益。

系统共性管理要素系统优化的方法是将参与组织中的共性管理要素,由某一组织统一组织实施,以节约各参与组织的资源,提高系统效率与效益。

例如:一个大型复杂项目有B、C、D三个组织参与工程建设,每个组织均包含如下项目管理要素,即:

过程动态管理要素有控制、执行、监督、检查、报验;

过程系统管理要素有计划、报告;

系统共性管理要素有手册(指管理手册、程序文件和作业文件等)、考核、评估、培训。

B、C、D三个组织可以表示为:

B = {手册,计划,控制,执行,监督,检查,报验,培训,考核,评审,报告}

C = {手册,计划,控制,执行,监督,检查,报验,培训,考核,评审,报告}

D = {手册,计划,控制,执行,监督,检查,报验,培训,考核,评审,报告}

为了提高B、C、D三个独立组织的效率与效益,拟对B、C、D三

个组织的项目管理要素进行系统优化重组,形成 A、B、C、D 四个组织,重组过程如下:

B、C、D 三个组织中的过程动态管理要素由 A 组织统一制定管理要求,并形成手册,统一进行管理,统一对外联系。B、C、D 组织不再独立制定管理要求,不再独立对外联系。A 组织包含对 B、C、D 组织的管理职能,即控制、监督、确认、报验,重组后 B、C、D 组织过程动态管理要素的部分内涵发生变化,内容相应削减。

B、C、D 三个组织中的过程系统管理要素由 A 组织统一制定信息流向和标准格式,并由 A 组织统一进行管理,统一对外联系,B、C、D 组织不再独立进行信息流向和标准格式的策划与设计,不再独立对外联系。A 组织包含原 B、C、D 组织过程系统管理要素的全部内涵,重组后 B、C、D 组织过程系统管理要素的内涵发生变化,内容相应削减。

B、C、D 三个组织中的系统共性管理要素,收集到 A 组织中,组织不再独立开展相应工作。A 组织对 B、C、D 的系统共性管理要素进行整合,避免了 B、C、D 组织重复工作和 B、C、D 组织之间因工作差异而造成的混乱。

系统优化重组后的项目管理组织及所包含项目管理要素为:
$A = \{$手册,计划,控制,监督,确认,报验,培训,考核,评估,报告$\}$
$B' = \{$计划,控制,执行,监督,检查,报验,报告$\}$
$C' = \{$计划,控制,执行,监督,检查,报验,报告$\}$
$D' = \{$计划,控制,执行,监督,检查,报验,报告$\}$

B、C、D 组织项目管理要素系统优化重组后,项目管理职能主要集中在 A 组织,因此,A 组织要求 B'、C'、D'组织的管理能力:

当属一种类型(如同为设计或同为施工等)时,应为:
$B' < B \cup C \cup D, C' < B \cup C \cup D, D' < B \cup C \cup D$

当属不同类型(如分别为设计、采办、施工)时,应为:
$B' < B, C' < C, D' < D$

A 组织管理的能力要求为:$A \geq B \cup C \cup D$。B'、C'、D'组织工

作的重点由原来的项目管理全部内容转向重点执行 A 组织策划与设计的规定。

B、C、D 组织项目管理要素系统优化重组后,经 A 组织的协同,A、B′、C′、D′组织成为一个整体,使得的整体效率与效益大于重组之前各组织的和,即:

A + B′ + C′ + D′ > B + C + D

如果 A 组织为 EPC 总承包商,B′、C′、D′组织为 EPC 分包商,那么,EPC 模式是项目大型复杂化、EPC 总承包商管理水平提高和管理效率与经济效益驱动的必然结果。

根据系统优化原则,PMC、EPC 主要开展了如下工作:

①PMC、EPC 项目部编制各自的管理文件,即项目管理手册、执行手册、程序文件和作业文件,不再分包单位要求编制这些文件。

②PMC、EPC 人员在实施过程中,统一执行 PMC、EPC 的管理文件。

③计划、报告根据 PMT 的要求,由 PMC 制定统一的规定,并按规定的程序进行流转。

④PMC、EPC 项目部负责对各自参与人员进行培训。

⑤对 PMC 的考核、评估由负责 PMT 进行,对 PMC 现场代表和 EPC 的考核、评估由 PMC 负责进行,EPC 对 EPC 现场代表和分包单位的考核评估由 EPC 项目部组织实施。

实践表明,统一减少了差异,减少了协调工作量和矛盾,同时,也体现了 PMC、EPC 对其分包单位的行为负责。这也是新模式具有的新特征,是传统管理模式与 PMC、EPC 管理模式的交汇点。

2.2.5 管理层次与效率效益原则

同一项目在决策权力与任务内容分解过程中形成了各种组织,不同组织之间通过一定对应关系建立联系,组织之间管理与被管理关系形成了管理层次,管理者称之为上层,被管理者称之为下

层,管理层与管理层之间出现界面称之为管理界面,如:

$y = f(x), y \in A, x \in B$,A 组织与 B 组织通过 f 建立对应关系。

A 组织为管理层即上层,B 组织为被管理层即下层。

大型复杂项目不同组织之间由各种对应关系,建立了错综复杂的联系,出现了各种类型的管理层和管理界面。一个项目的管理层次应由整个项目的管理效率与效益决定,管理层次过多或过少,都会造成信息流通的障碍,降低管理效率与效益。

例如:一个项目有 A、B、C、D 四个组织(见图 2-8),这四个组织之间的关系是:

A 组织对整个项目的最终成果确认,对 B 组织实施控制,并对实施过程进行监督;

B 组织对 C 组织认可的 D 组织过程成果和最终成果进行确认,对 C 组织实施控制,对实施过程进行监督;

C 组织对 D 组织检验合格的过程成果和最终成果进行确认,对实施过程进行监督与控制;

D 组织在实施过程中负责项目的具体执行、控制、监督、检查和报验。

A、B、C 组织与 D 组织存在地域差异。由于 B、C 组织与 D 组织存在地域上的差异,B、C 组织难于及时有效对 D 组织的过程成果进行确认,难于有效对 D 组织进行过程监督和过程控制。为此,必须对 B、C 组织项目管理要素重组,将过程确认、监督和控制项目管理要素从 B、C 组织中分离出来,建立与 D 组织管理适应的 E、F 组织(图 2-16),以提高管理效率和经济效益。

B 组织分解成 B′和 E 组织,分解后的 B′组织应对 E 组织进行管理,即:

B = {控制,监督,确认}→B′ = {控制,监督,确认},E = {监督,确认}

C 组织分解成 C′和 F 组织,分解后的 C′组织应对 F 组织进行管理,即:

C = {控制,监督,确认,报验}→C′ = {控制,监督,确认},F =

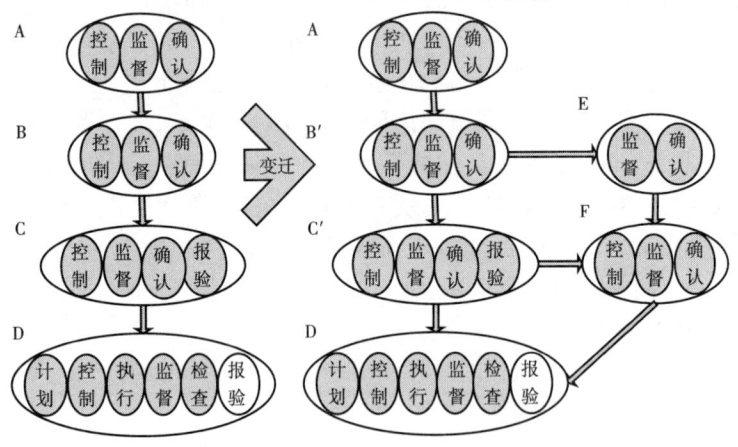

图2-16 适应管理层次需求的组织变迁

{控制,监督,确认,报验}

例如,管道工程项目管理的特点是点多、面广、流动性强、影响因素多,上图中,如果A组织代表业主,B组织代表PMC,C组织代表EPC,D组织代表施工分包单位。由于地域影响,PMC、EPC的服务很难满足施工分包单位的要求,也难于对分包单位进行有效管理,对B、C组织进行适当调整后,PMC设置现场代表E,EPC设置现场代表F,由PMC、EPC现场代表负责处理与施工单位的日常事务,PMC、EPC减少了与施工单位接触的频率,总体上降低对施工单位的管理成本,提高管理效率,改善管理现状。

项目管理层次的策划与设计应以整个系统的管理效率与效益最大化为原则,避免局部利益影响项目的系统效率与效益。

2.2.6 授权与控制平衡原则

关于责、权、利方面的研究,如项目法人责任制、项目经理负责制等主要集中在项目管理组织内部。目前,组织之间责、权、利的关系还缺乏深入研究,以至于涉及多个组织之间责、权、利,如设计变更、现场签证等长期不能得到很好解决。一个项目尽管各参与组织彼此独立、利益彼此独立,但从整体而言,彼此利益又相互关联,只有提出解决复杂项目管理组织之间责、权、利的关联问题的方法、原则并付诸实施,才能避免以上问题。根据项目管理实践,提出复杂项目管理组织之间采用授权与控制平衡为原则,策划与设计组织之间责、权、利的制约关系,选择适当的管理方式,可以实现系统效率与效益最优化。

例如:当某一项目中的一项任务要经过两个工作过程,即 M 与 N,这两个工作之间的关系是,A 组织授权 B 组织完成 M 工作、B 组织完成 M 工作经 A 审批同意后,再由 A 组织授权 C 组织完成 N 工作,A 组织对这一任务全过程负责。如果 A、B、C 分别表示各自的成本与收益之和,M 表示完成该项工作 B 组织花费的成本,N 表示 C 组织完成该工作花费的直接成本,L 表示 C 组织完成该工作花费的其他成本,$\triangle B$、$\triangle C$ 分别表示 B、C 组织获得的收益,完成这项任务的风险费用为 F,T 表示总成本与收益之和,B 与 C 之间的对应关系为 f,那么,

$B = M + \triangle B$

$C = N + L + \triangle C$

$T = A + B + C + F$

$y = f(x), y \in B, x \in C$

在 C 进行 N 工作过程中,由于 B 工作失误和工作风险,需对 M 进行修改,成本增加值为 $\triangle M$,即:$M' = M + \triangle M$

当修改内容未实施时,总费用 $T' = T - \triangle(M + \triangle B)$

当修改内容已经完成,总费用 $T' = T - \triangle T$

管理方式一:

限制条件:

①$A + B \leqslant C, \triangle C \leqslant N + L$;

②总费用包干,即 T 不因为 B 工作失误和工作风险而要求得到费用补偿;

③C、A、B、C 三个组织达成协议,对风险费用 F 的分配方案。

解决方案:

一旦 B 组织工作失误或工作风险,A 组织难以补 C 组织的实际损失,A 组织为降低自身风险,有效对 B、C 组织实施控制,就必须打破各自组织责、权、利的范畴,以授权与控制平衡为原则,进行损失分摊,力求把 A、B、C 三个组织的损失减少到最小。即:

①不能因为 B 组织工作失误或工作风险,A、B、C 三个组织获利;

②不能因为 B 组织工作失误或工作风险,而自身获得成本补偿;

③不能因为 B 组织工作失误或工作风险,C 组织获得直接成本补偿,促进 C 组织服从 A 组织的协调,配合 B 组织开展修改工作;

④因 $\triangle M$ 给 C 组织其他损失 L 带来的损失为 $\triangle L$,$\triangle L$ 由 A、B、C 三个组织根据一定比例分摊,促进 A 组织积极协调,B 组织主动工作。

通过以上措施,A、B、C 三个组织风险共担,互相制约,合作共赢,使 $F - \triangle L$ 最大,提高系统的效率与效益。

管理方式二:

限制条件:

A 对 B、C 采用简单项目管理方式进行管理,即:

①总费用包干,即 T 不变,完成该项任务的风险费用 F 由 A 组织负责管理,节约费用归 A 组织所有;

②B、C 两个组织责、权、利独立;

③$B \leq A + C$;

④B 组织工作损失,由 B 承担,并向 A 组织赔偿,赔偿标准为 $2\triangle B$;

⑤B 组织工作风险损失,由 A 组织承担,B 组织获得成本和利益补偿为 $\triangle B$;

⑥无论是 B 组织工作失误,还是工作风险损失,只要给 C 组织带来实际损失,C 组织均向 A 组织要求赔偿。

解决方案：

一旦 B 组织工作失误，为了保护自身利益，B 组织不会主动修改工作失误，而是以自身利益为核心，把工作失误归结为工作风险，使得 A 组织难以获得 B 组织的赔偿，相反，B 组织会提出因工作风险而要求 A 组织赔偿，除非工作失误极为明显。另外当 B 组织工作失误远小于工作风险损失时，A 组织往往会放弃对 B 组织的索赔，而 B 组织因工作风险会积极向 A 组织索赔。

B 组织经过对 M 工作的修改后费用为：$B' = M + \triangle B + \triangle(M + \triangle B)$，即 B 组织通过工作风险进一步获利，因此，B 组织不会主动削减工作风险。

C 组织可以从 B 组织的工作失误或工作风险中获利，C 组织不会主动指出 B 组织的工作失误或工作风险，除难以实施，或不便实施。

C 组织经过对 N 工作的修改后费用为：$C' = N + L + \triangle C + \triangle(N + L + \triangle C)$，即 C 组织通过 B 组织工作失误或工作风险进一步获利，因此，C 组织不会主动配合因 B 组织工作失误或工作风险的削减措施。

A 组织会因 B、C 组织各自关注自身利益，不关注整体利益，而增加协调成本，如 A 组织因此而增加的成本收益为 $\triangle A$，修改后 A 的费用为：$A' = A + \triangle A$。

风险费用为 F 余量为：$F - \triangle A - \triangle(M + \triangle B) - \triangle(N + L + \triangle C)$

管理方式二的风险费用 F 余量小于管理方式一的风险费用余量。

管理方式三：

限制条件：

A 对 B、C 采用简单项目管理方式进行管理，即：

①总费用包干，即 T 不变，完成该项任务的风险费用 F 由 A 组织负责管理，节约费用归 A 组织所有；

②B、C 两个组织责、权、利独立；

③B≤A+C；

④B 组织工作失误或工作风险,由 C 组织负责修改,C 组织向 A 组织索赔发生的实际损失。

解决方案：

在缺乏有效监督的情况下,C 组织为了自身利益会往往抓住修改 M 的决策机会,扩大 M 修改工作,扩大比例为 m,即经 C 组织修改后 $\triangle M' = (1+m) \times \triangle M$,由此引起 N 工作量的变化为 $\triangle N' = (1+n)\triangle N$,C 组织的费用变为：

$$C' = N + L + \triangle C + (1+n) \times \triangle(N + L + \triangle C)$$

B 组织参确认与 C 组织修改,但 B 组织不会作出对 C 组织不利的确认,B 的确认工作量较小,发生的费用不予补偿。

A 组织协调 C 组织修改而增加的成本收益为 $\triangle A$,修改后 A 费用为：$A' = A + \triangle A$

风险费用为 F 余量为：$F - \triangle A - (1+n) \times \triangle(N + L + \triangle C)$

由于 $n \times \triangle(N + L + \triangle C) \geq \triangle(M + \triangle B)$

因此,管理方式三的风险费用 F 余量小于管理方式二的风险费用余量。

以上三种管理方式中,管理方式一,按照复杂项目管理授权与控制平衡的原则,A、B、C 三个组织间形成了一种互相制约关系,A 组织才能对 B、C 组织进行有效管理,各方参与管理积极性高,风险费用余量大；管理方式二,按照简单项目管理责、权、利统一的原则,风险主要由 A 组织承担,授权与控制不平衡,A、B、C 三个组织间缺乏有效的制约关系,B、C 组织被动应对 A 组织的管理,管理难度大；管理方式三,C 组织首先自己给自己授权,权力极难约束,授权与控制极不平衡,A、B、C 三个组织间缺乏的制约关系,B 组织几乎不参与管理,,A 组织对 C 组织监督管理难度极大,风险费用余量最小。从以上分析可知,授权与控制平衡是复杂项目管理分配组织之间建立责、权、利制约关系的一条重要原则。

授权与控制平衡的实质是避免复杂项目管理参与组之间,因局部组织利益牺牲其它组织利益,当不能避免时,通过系统平衡,使其对整个组织影响最小。这条原则能够解释以往工程设计变更、现场签证存在的问题,并为 EPC 模式下,设计变更管理提供指导。

设计变更及其实施一般会涉及到三个以上的组织,应属复杂项目管理的范畴,根据以往工程经验,设计变更源于下列原因:

①设计观念不完整,造成次生问题引起整改;
②标准规范缺乏针对性,造成次生问题引起整改;
③勘察与设计、采办与设计衔接不畅,造成次生问题引起整改;
④施工图设计缺乏可施工性,引起整改;
⑤设计操作要求缺乏可操作性,引起整改;
⑥业主与设计沟通不足,造成成果与业主要求差异,引起整改;
⑦设计不细,界面不明造成采办、施工缺乏统一性,引起整改;
⑧缺乏风险评估,造成的次生问题引起整改;
⑨设计优化,引起变更;
⑩设计图纸错误,引起整改。

在上述十条变更原因中,有九条可列为设计工作风险,仅一条可列为设计工作失误。实际工作中,设计工作风险要远大于设计工作失误。引入新的管理方式研究设计工作管理,对于提高项目的整体效率与效益具有重要的意义。

传统设计——施工管理模式下,设计服务合同及法律条款的限制,业主对设计管理手段有限,为及时解决现场问题,往往不排除采用现场签证方式。现行设计、施工管理制度既保护了设计、施工单位的利益,又限制了设计、施工创新的积极性。在现行制度下,项目业主很难有效管理设计变更,只有创新管理模式,才有可能激励设计、施工单位以最大限度地开展创新,构建设计、施工的共赢体系。

在 EPC 项目管理模式下,变更管理应采用以上管理方式一的模式,杜绝采用管理方式三的模式即传统现场签证模式。根据EPC管理实践,EPC总承包商支持管理方式一,尤其是以设计为主体的EPC总承包商,如某EPC总承包商提出谁为设计失误与风险买单的议题,就是对传统设计变更与现场签证的反思。当EPC总承包商的利益与设计、施工单位利益不关联,授权与控制不平衡,且设计单位很难从EPC手中索赔设计费时,设计、施工单位倾向采用管理方式三,即现场签证解决设计失误或设计风险问题。

EPC模式中,当对设计工作失误或工作风险采用管理方式一时,实现了以节约资源,获得利益的目的,而传统管理模式是以耗费资源,来分享业主利益。正确认识EPC模式与传统管理模式的区别,有助于EPC模式深入正确开展。

2.2.7 项目协调与工作清单一致性原则

协调是通过一定的管理措施,实现组织之间的无缝衔接,使各项活动有序正常开展,达到预定目标。传统的管理方法是依据有关文件协议的规定,进行协商、沟通,这种方法是随着参与组织越多,协调难度就越大,协调效率就越低,对管理者要求也越高,存在这种现象的主要原因是全部或者部分协调内容、责任归属没有明确,产生管理矛盾。传统的管理方法和协调理念已不能完全满足复杂项目管理要求,根据项目协调与工作清单一致原则,把涉及组织之间需要协调的工作全部列举,明确工作清单中各参与组织的职责,并在事前以书面文件表述出来。这种超前策划与设计项目界面管理的方法,有助于增强主体责任人的自我管理意识与管理能力,提高项目管理效率与效益。以前例中某管道工程的管材供应为例,通过工作清单法明示人与事之间的关系,各参与单位根据工作清单的要求自主按排各项工作,不需要组织进一步的协调工作。削减了协调工作数量,方便了工程管理,节约了工程成本,提高了管理水平(表2-1)。

表2-1 管材数量管理工作清单与协调管理

序号	工作清单	业主项目部	初步设计单位	制造厂商	PMC项目部	驻厂监造	现场监理	EPC项目部	EPC现场代表	详细设计	物资中转站	施工承包商
1	管材生产数量	控制		执行	协调			执行				
2	提供管材供应数量	控制	执行		协调							
3	管材生产计划	控制		计划	协调			计划				
4	管材需求计划	控制			协调							
5	供需平衡计划	控制			计划							
6	需求综合平衡需求计划				监督			计划				
7	管材生产			控制执行		监督						
8	提供生产数据、发运数据			控制执行	监督	监督		确认				协调
9	管材调运数量				监督			控制			协调	
10	管材综合平衡				监督			执行		协调	协调	

续表

序号	工作清单	业主项目部	初步设计单位	制造厂商	PMC项目部	驻厂监造	现场监理	EPC项目部	EPC现场代表	详细设计	物资中转站	施工承包商
11	提供详细设计管材数据	控制			协调			计划		执行		
12	中转站计划,承包商计划				监督			计划				
13	中转站管材管理				监督			监督			控制	
14	接收数据,制造厂商与中转站检验不合格品数据	控制			协调			协调			执行	
15	储存数据,发放数据				监督			确认			执行	
16	接收后的管材管理						监督					控制
17	接收数据,制造厂商与施工现场检验不合格品数据	控制			协调		监督	协调	监督			执行
18	焊接完成数据						监督	控制	监督			执行
19	下沟回填数据						监督	控制				执行
20	施工承包商焊接与详细设计数据初步校核	确认			协调		监督	控制	监督			执行
21	施工承包商下沟回填与详细设计数据最终校核	确认			协调		监督	控制	监督			执行

工作清单法有助于推动研究以往类似工程的管理经验,通过不断完善工作清单,积累工程经验,实现把经验转变成知识,通过传播知识,提高工程管理整体水平的目的。在项目管理过程中,业主、PMC、EPC 及其 EPC 分包商之间的协调工作范围如图 2 – 17 所示。

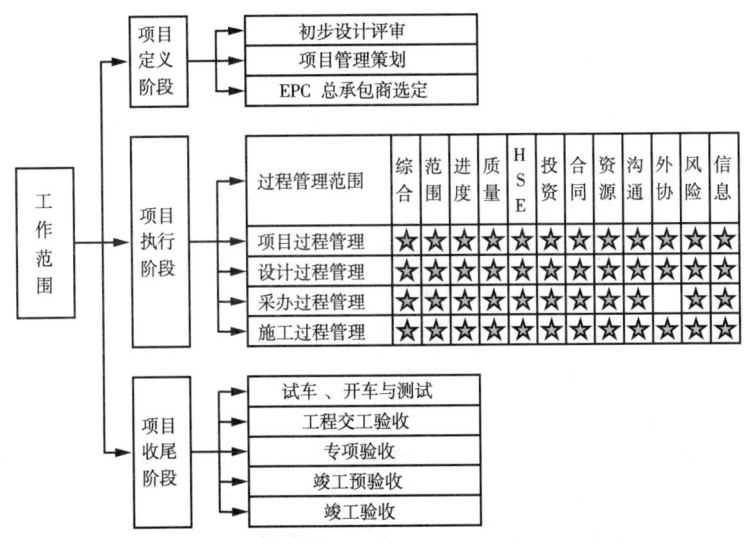

图 2 – 17　业主 + PMC + EPC 模式下的协调工作范围示意图

2.2.8　绩效考核与进度款支付一致性原则

大型复杂项目管理的管理过程就是风险管理,评价项目的执行程度,并采取适当的制衡措施,是事关 EPC 总承包模式成败的关键。只有 EPC 管理水平提高了,EPC 管理顺畅,工程进度、投资、质量和 HSE 才能得到有效管理。EPC 多一份成功,工程就多一份保障,EPC 分包商就多一份效益。风险—绩效考核—工程款支付—风险削减的关联性如图 2 – 18 所示。

绩效考核主要包含两个部分,一是 EPC 项目管理,二是进度、质量与工程进度款支付。项目管理考核的主要内容有:通知指令执行完成率,会议议决事项完成率,开工审计与 QHSE 确认完成

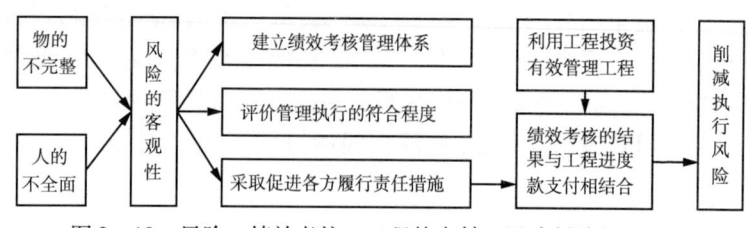

图 2-18 风险—绩效考核—工程款支付—风险削减的关联性

率,风险识别和不符合项整改完成率以及不符合项重现率,危险作业许可执行率,培训上岗率等。进度、质量与工程进度款支付考核的主要内容有:当期月计划完成率、总体进度计划完成率,质量合格率、质量报验完成率与合格率,工程进度款实际支付与已完工程应支付比率,绩效考核扣款变化率等。

通过完善考核标准,理顺体制,完善机制,促进业主、PMC 与 EPC 总承包商的彼此约束,良性互动,持续改进,促进管理和谐,实现业主、PMC 和 EPC 以及其他承包商的双赢和多赢。

通过绩效考核与进度款支付相结的管理措施,改变以往工程进度款支付主要与工程已完进度相连。尽管业主赋予工程监理有签字确认权,这种权力对工程过程管理起到一定作用,但是对施工单位的管理难以起到明显的作用,而对设计单位几乎就没有作用的被动局面。根据绩效考核与进度款支付一致性原则,把工程质量确认和管理执行情况等工作绩效与 EPC 支付工程进度款与联系在一起,促进 EPC 提高管理水平。

某管道工程绩效考核与进度款支付相结合的管理案例如下:

①进度款支付限额:工程单体项目预验收完成,单体项目进度款可支付到 85%,收尾整改项目完成,工程交工验收合格和档案资料移交工作完成,进度款可支付到 95%。

②绩效考核单项低于 50% 的项目与 EPC 及 EPC 分包商(如文件编审、进度管理、质量管理、HSE 管理等),当月该项目承包商的进度款停止支付。

③设计图纸、变更未经 PMC 项目部审查确认,用于现场施工

时,停止支付上报的该专业月度进度款。

④EPC 分包商首次开工未经 PMC 许可,停止支付该 EPC 分包商(以备案合同为准)上报的月度进度款。

⑤出现自动停工、停职的 EPC 分包商,未进行停工、停职整顿的 EPC 分包商,或者一月停工、停职发生三次及以上的 EPC 分包商,当月该 EPC 分包商进度款停止支付。

⑥未列入进度计划的项目,不予支付进度款。项目管理、设计、采办、施工、检测承包商因自身工作不力,当影响三级进度计划关键控制目标或里程碑,不积极主动提出消减风险,采取措施,挽回损失的 EPC 及 EPC 分包商,当月该 EPC 及 EPC 分包商进度款停止支付。给业主造成增加管理费用等的损失,依据合同有关规定,由业主向 EPC 索赔。当不影三级进度计划关键控制目标或里程碑时,把进度计划完成情况作为进度款支付条件的条件之一,以提高进度计划编制准确度,超前控制进度风险。进度计划总体完成率×进度计划月度完成率×EPC 当月应付款。

⑦检验批验收或分项工程经监理签字验收的项目,作为进度计算的必要条件,未完成报验的项目不予支付进度款。检验批与分项工程报验一次合格率,作为考核工程质量控制与进度款支付的依据之一,报验总体一次合格率×月度报验一次合格率×EPC 分包商当月应付款。

⑧现场 QHSE 不符合项处罚,当月进度款应扣除处罚款项。

⑨现场不符合项整改完成率作为进度款支付的条件之一,以减少不符合项目,提高不符合项的整改速度和管理绩效。按 EPC 当月应付款×(5%×(不符合项整改总数/不符合项总数))计取,其中一个百分点为一个扣减点。

⑩现场不符合项整改验收一次性合格率作为考核不符合项整改质量控制与进度款支付的条件之一,不符合项整改报验总体一次合格率×不符合项月度报验一次合格率×EPC 当月应付款。

⑪把通知、指令的按期执行率作为进度款支付的条件之一,强化指挥和调度管理。按 EPC 当月应付款的 5%×(已回复通知、指

令总数/发出通知、指令总数)计取,其中一个百分点为一个扣减点。

⑫把 PMC 项目部和业主项目部召集会议的议决事项未完成率作为进度款支付的条件之一,以减少未完成议决事项,提高会议议决事项的完成速度和管理绩效。按 EPC 当月应付款×(5% ×(未完成议决事项总数/应完成议决事项总数))计取,其中一个百分点为一个扣减点。

业主项目部通过绩效考核与进度款支付管理措施,及时向被授人支付进度款,有利于促进被授权人提高认识,调动其管理积极性,不断提高管理水平。

2.3 复杂项目管理策划与设计的验证

信息是现代工程管理的经络,一个项目管理体系在运行过程中,信息畅通,就证明策划与设计的项目管理体系可以运行,如果出现信息阻塞,就证明该管理体系不可行,或者说不能有效运行。信息是检验一个项目管理体系是否完善的标准。

命题之一:

有 A、B、C、D 四个独立的组织,构成一个管理体系,其中,A = {控制},B = {监督},C = {执行1},D = {执行2}。项目实施过程中,通过 B 组织可以把 C、D 组织的执行情况报告给 A 组织,A 组织可以对 B、C、D 组织实施控制权,对 A 组织来说,项目管理信息畅通,管理体系可行(图2 – 19)。

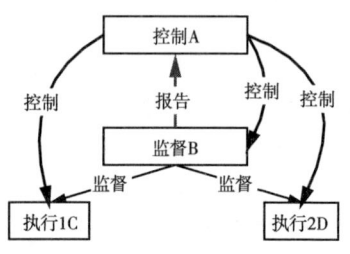

图2 – 19 可行的管理体系

如果 B、C、D 组织进行重组,形成 B′组织,即 B′ = B∪C∪D = {监督,执行1,执行2}。根据亲属相隐原则,B 组织不会把 C、D 组织的执行情况报告给 A 组织,A 组织难以对 B、C、D 组织实施控权,对 A 组织来说,项目管理信息出现阻塞,管理体系不可行(图 2-20)。

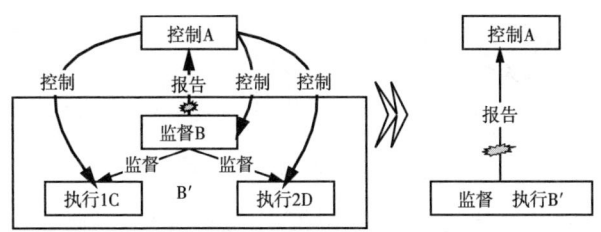

图 2-20　不可行的管理体系

命题之二:

有 A、B、C、D 四个独立的组织,构成一个管理体系,其中,A = {控制},B = {控制,监督},C = {执行 1},D = {执行 2}(图 2-21)。

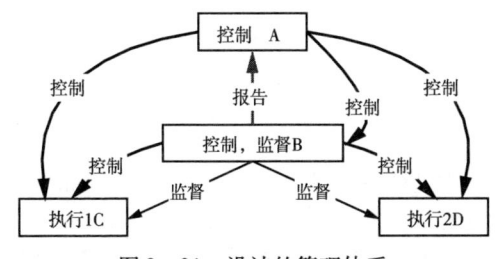

图 2-21　设计的管理体系

项目实施过程中,B 组织由于具有对 C、D 组织的控制权,B 组织对 C、D 组织的执行情况负责控制责任,C、D 组织执行不力,B 组织就具有控制不力的责任。B、C、D 组织倾向于协同,形成 B′组织,根据亲属相隐原则,A 组织难于通过 B 组织获取所需的管理信息,A 组织难于实施控制权,对 A 组织来说,项目管理信息出现阻塞,设计的管理体系不可行(图 2-22)。

一个组织 C = {执行 1},受制于多重控制条件下,A、B 组织控制权的竞争,会导致管理无序。C 组织会在 A、B 组织的竞争中的不利环境中,倾向做出有利于自身的决策。一个组织对下属机构分配控制权时,应界面清晰并避免重复,如果在管理跨度许可时,

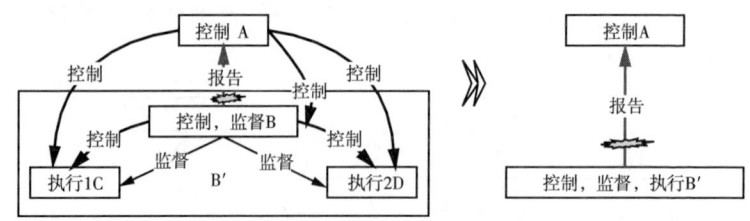

图 2-22 协同效应,产生组织变迁

决策满足要求时,可以保留控制权,下放监督权,以保证整个体系的有效运行(图 2-23)。

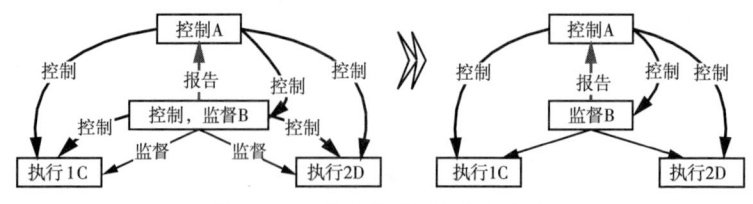

图 2-23 管理体系的优化与调整

命题之三:

有 A、B、C、D 四个独立的组织,构成一个管理体系。其中,A = {控制,监督},B = {控制,监督},C = {执行 1},D = {执行 2}(图 2-24)。

项目实施过程中,会出现两种情形:

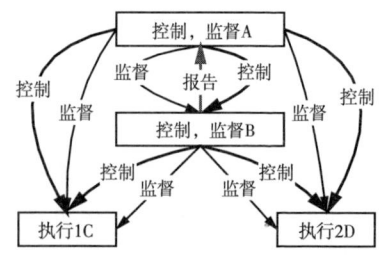

图 2-24 设计的管理体系

情形之一是:A、B 两个组织之间会产生管理博弈,A、B、C、D 如果各自分工明确,管理界面清晰,并且 B、C、D 能够按照要求履行各自职责。A、B、C、D 组织经过一个磨合期之后,就能达到一个平衡点,此时,该管理体系运行的关键是 A 与 B 组织的互信,A、B 双方理解利益的一致性,能够建立互信,可以实现信息畅通,体系就运行正常;缺乏互信,易于出现信息阻塞,体系就运行不正常。如果分工不明确,管理界面不清晰,B组织要么努力配合 A 组织开展工作,确保按照图 2-24 设计的管理体系运;要么与 A 组织博弈,B 组织选择对自身有利的事开展工作,回避对自身不利的工作,A 组织会将难于处理的工作交由 B 组织完成,A 组织与 B 组织之间的沟通会产生障碍(图 2-25);要么放弃工作,形成 B 组织虚设格局(图 2-26)。因此,该管理体系在实施过程中具有一定的风险。

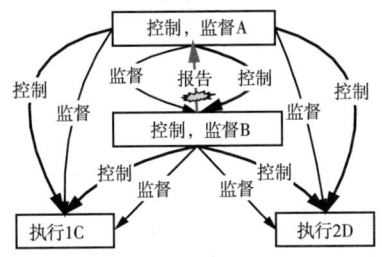 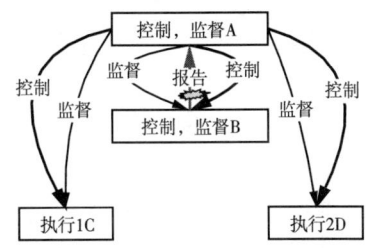

图 2-25　A 组织与 B 组织博弈　　　图 2-26　B 组织虚设

情形之二是:B 与 C、D 组织趋于协同,使得 B、C 与 D 趋于 B′(图 2-27)。产生协同的主要原因是:C 与 D 的执行结果,没有达到 B 的要求,B 的控制结果没有达到 A 的要求。B 为了规避自身的利益,倾向于 B、C、D 协同,形成 B′,B′可能会提升管理,也可能恶化管理。在实际运行过程中,恶化管理的可能性比提升管理的可能性大,因此,该种组织模式不是优化的组织模式。

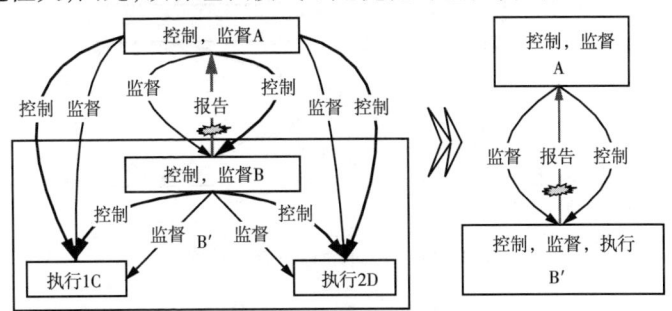

图 2-27　管理体系协同

出现此种情时,应对该体系进行优化调整,以满足项目管理的需要。为确保 B 组织有效运行,可以对 B 组织的管理要素进行重组,即 B = {控制,监督} 变为 B′ = {监督},从而实现信息的畅通,保障管理体系在实施过程中的运行(图 2 – 28)。

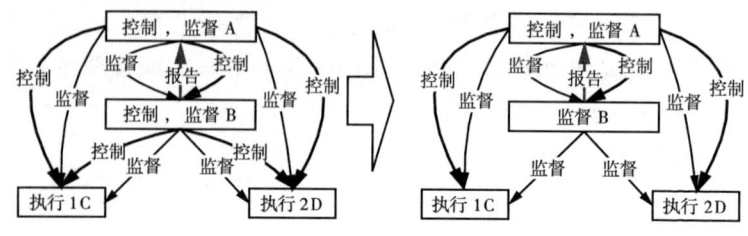

图 2 – 28　管理体系的优化与调整

结合现实,适应创新,一个管理体系的建立应进行人的能力与管理构架之间的平衡,在项目管理过程中,面对人力资源的限制,有必要对管理机构适时调整,实现整体人力资源优化,确保项目有序进行。

命题之四:

有 A、B、C、D、E、F 六个组织,构成一个管理体系,其中,A = {控制},B = {控制,监督},C = D∪E∪F,D = {控制,监督},E = {执行1},F = {执行2},B 组织为 A 组织的下级机构(图 2 – 29)。

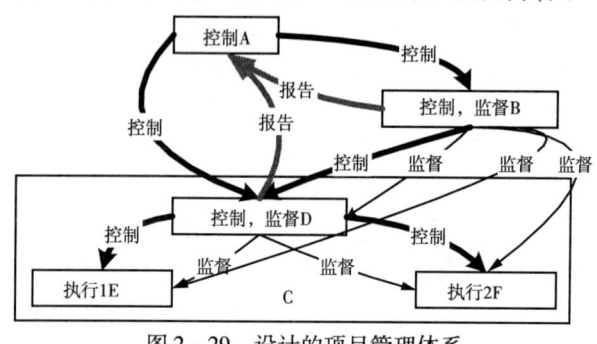

图 2 – 29　设计的项目管理体系

在项目运行过程中,根据亲属相隐原则,D 组织不会主动向 A 组织报告监督管理信息。由于 A 组织与 B 组织具有相同的控制要素,A 与 B 组织之间会产生博弈,B 易与 C 组织协同,故不会主动向 A 组织报告监督管理信息,A 组织难于通过 B 与 D 组织获取控制所需的监督信息,以至于 A 组织难于对 B 组织和 D 组织实施有效控制(图 2-30)。

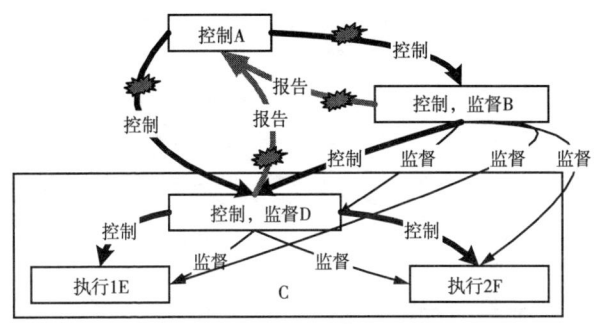

图 2-30 项目管理体系运行过程中的信息阻塞

A 组织为改善信息来源,对原管理方案进行调整。

调整方案之一:A 组织下设立 G 组织,G = {监督},G 组织能够对 C 组织开展监督,但难于对 B 组织开展监督工作,原因是 G 组织与 B 组织监督等势,增加 G 组织能够改善对 C 组织的管理,而不能改善对 B 组织的管理。根据亲属相隐原则,D 组织不会主动向 A 组织报告监督信息,取消此项联系(图 2-31)。

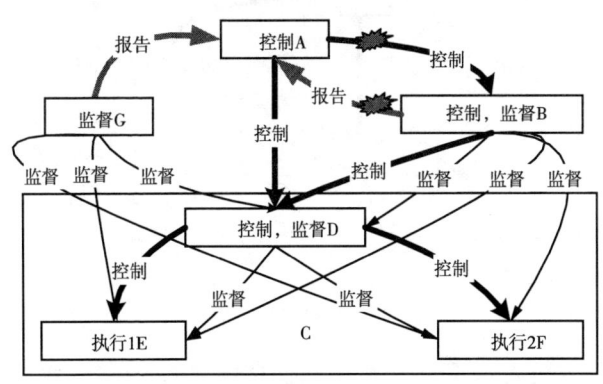

图 2-31 优化调整方案之一

调整方案之二:将 A 组织管理范围由 A = {控制}调整为 A = {控制,监督1},由 A 组织对 B 组织实施监督管理,通过此项调整,加强了 A 组织对 B 组织的监督管理,有利于 A 组织对 B 组织的控制(图 2 – 32)。

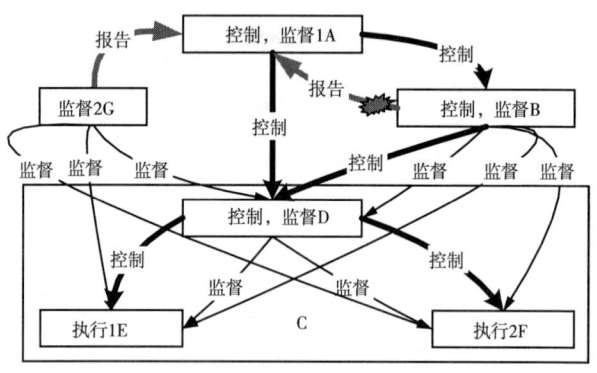

图 2 – 32　优化调整方案之二

调整方案之三:为改善 B 组织对 C 组织的监督管理能力,增加 H 组织,即 H = {监督3},负责对 C 组织进行监督,H 组织的增加,减轻了 B 组织的工作压力,有利于管理体系的运行,但 B 组织与 A 组织之间的沟通仍然存在一定的障碍(图 2 – 33)。

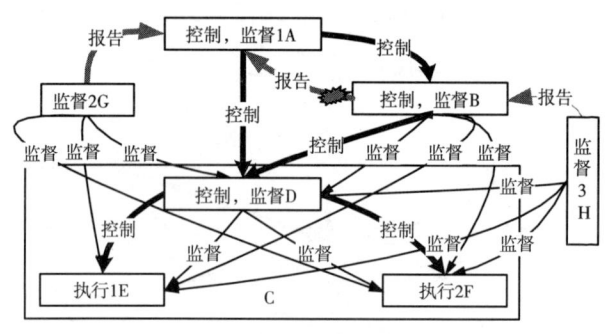

图 2 – 33　优化调整方案之三

调整方案之四:随着互联网和信息技术的发展,远程办公已经实现,需求决策的事项,可以通过互联网解决。将 B 组织的职能调整为 B = {协调,监督},促进 B 组织与管理各方进行沟通,方便问题反馈,也有利减弱 G 组织对 C 组织的监督管理,优化 H 与 G 组织的职能,提高管理效率(图 2 - 34)。

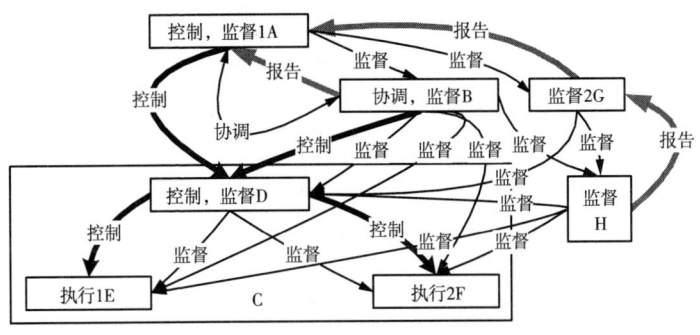

图 2 - 34　优化调整方案之四

在项目管理实施过程中,如果管理信息不通,如果不是管理人员本身能力所限,就有可能是管理体系设置不符合规律要求,通过调整管理节点中的管理要素,或者,补充管理体系中缺少的管理节点,从而达到优化管理的目的。

2.4　复杂项目管理案例分析

案例之一:在多层多级管理过程中,只有系化地分配管理职责,才能使设计的项目管理体系有效运行。例如,由业主项目部、PMC 项目部、现场监理(现场监理′)、EPC 项目部、EPC 现场代表(EPC 现场代表′)、施工项目部(施工监督′)和施工作业组组成的项目管理体中,在业主主导的管理体系中,管理关系如图 2 - 35 所示。

将图 2 - 35 中管理职责分配简要描述如下:

业主项目部 = {控制(EPC 项目部),控制(PMC 项目部),授权 PMC 项目部监督(EPC 项目部)};

PMC 项目部 = {控制(现场监理),监督(现场监理),监督(EPC 项目部),授权现场监理监督 1(EPC 现场代表,施工项目部,

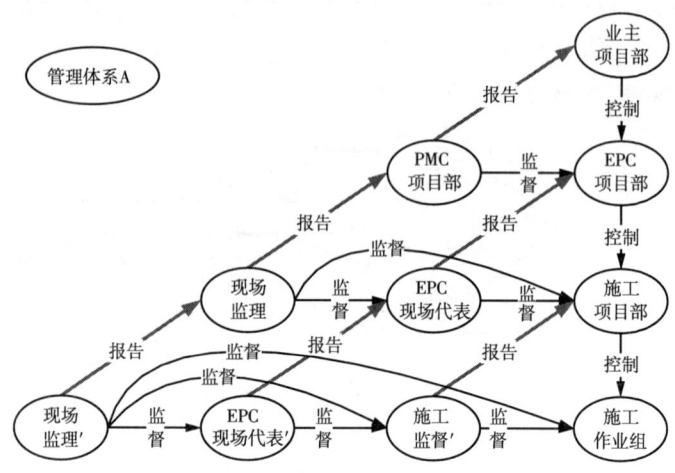

图 2-35　正确的系统化分配职责方案

施工作业组),报告(业主项目部)};

现场监理={监督1(EPC现场代表,施工项目部,施工作业组),报告(PMC项目部)};

EPC项目部={控制(施工项目部),控制(EPC现场代表),监督2(施工项目部),监督2(EPC现场代表),授权EPC现场代表监督3(施工项目部,施工作业组)};

EPC现场代表={监督3(施工项目部,施工作业组),报告(EPC项目部)};

施工项目部={控制(施工作业组),监督3(施工作业组),授权施工监督′监督(施工作业组)};

施工监督′={监督4(施工作业组),报告(施工项目部)}。

上述管理体系具有以下特征:

①符合控制权与监督权分配管理规律;

②符合主体责任唯一性原则,现场监理监督EPC现场代表、施工项目部、施工作业组,是对PMC项目负责,EPC现场代表监督施工项目部、施工作业组是对EPC项目部负责;

③符合亲属相隐原则;

④符合组织独立与协同原则;
⑤符合管理层次与效率效益原则。

该管理体系既关注管理过程,也考虑到管理结果,在实际运行过程中,只要各方职责到位,项目管理就能够有效运行。

案例之二:在多层多级管理过程中,如果按照现行管理文件规定进行分配管理职责,就可能出现违反复杂项目管理原则的现象,使设计的项目管理体系难以有效运行。例如,由业主项目部、PMC项目部、现场监理(现场监理′)、EPC项目部、EPC现场代表(EPC现场代表′)、施工项目部(施工监督′)和施工作业组组成的项目管理体中,管理关系如图2-36所示。

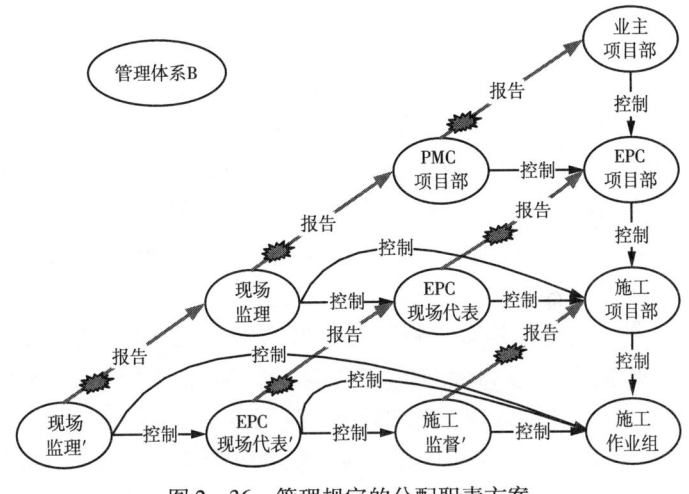

图2-36 管理规定的分配职责方案

将图2-36中管理职责分配简要描述如下:

业主项目部={控制(EPC项目部),控制(PMC项目部),授权PMC项目部控制(EPC项目部)};

PMC项目部={控制(现场监理),控制(EPC项目部),授权现场监理控制1(EPC现场代表,施工项目部,施工作业组),报告(业主项目部)};

现场监理={控制1(EPC现场代表,施工项目部,施工作业

组),报告(PMC 项目部)};

EPC 项目部 = {控制(施工项目部),控制(EPC 现场代表),授权 EPC 现场代表控制3(施工项目部,施工作业组)};

EPC 现场代表 = {控制3(施工项目部,施工作业组),报告(EPC 项目部)};

施工项目部 = {控制(施工作业组),授权施工监督′控制(施工作业组)};

施工监督′ = {控制4(施工作业组),报告(施工项目部)}。

在上述管理体系中,如果管理界面不明确,就会使管理处于混乱局面,主要原因如下:

①业主项目部和 PMC 项目部对 EPC 项目部均具有控制职能,但业主项目部具有比较优势,在双重控制职能的情况下,EPC 倾向于业主项目部的控制管理,PMC 的控制权从属于业主项目部,当业主项目部与 EPC 项目部协同时,PMC 的控制权会出现虚置现象,因此,PMC 项目部不会主动向业主报告 EPC 管理真实情况。当业主控制不力,往往会把责任推向 PMC 项目部,PMC 项目部往往成为业主项目部的批评对象。在项目实施过程中,管理信息阻塞,管理体系运行不畅。

②现场监理和 EPC 项目部对 EPC 现场代表,施工项目部均具有控制职能,EPC 项目部的行政管理控制权占有比较优势,现场监理的控制权往往从属于 EPC 项目部,现场监理要发挥控制职能,就得借助于 EPC 项目部的力量,因此,现场监理不会主动向 PMC 项目部报告 EPC 现场代表,施工项目部管理的真实情况。一旦 EPC 项目部组织管理不力,现场监理就成为各方批评的对象。在项目实施过程中,管理信息阻塞,管理体系运行不畅。

③EPC 项目部和 EPC 现场代表对施工项目部均具有控制职能,EPC 项目部对 EPC 现场代表具有控制职能,当 EPC 项目部与施工项目部协同时,EPC 现场代表的控制权会出现虚置现象,当 EPC 项目部控制不力,往往会把责任推向 EPC 现场代表,一旦施工项目部组织管理不力,EPC 项目部就成为各方批评的对象。因此,

EPC现场代表不会主动向EPC项目部报告施工项目部管理的真实情况。在项目实施过程中,管理信息阻塞,管理体系运行不畅。

图2-36所示的管理体系具有以下特征:

①不符合控制权分配管理规律;

②主体责任不唯一,出现多头管理;

③不符合亲属相隐原则,造成管理信息阻塞,增加了管理信息收集成本;

④组织不独立,出现管理协同;

⑤管理没有层次,效率效益低下。

案例之三:在多层多级管理过程中,只有系化地分配管理职责,才能使设计的项目管理体系有效运行。例如,由业主项目部、PMC项目部、现场监理(现场监理′)、EPC项目部、EPC现场代表(EPC现场代表′)、施工项目部(施工监督′)和施工作业组组成的项目管理体中,在业主主导的管理体系中,管理关系如图2-37所示。

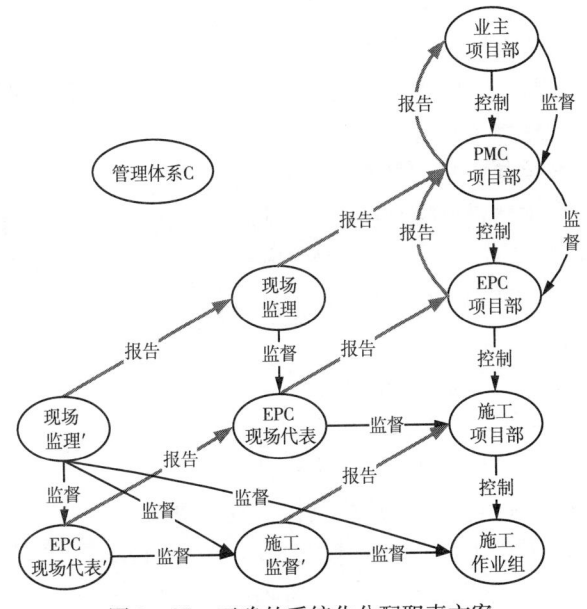

图2-37 正确的系统化分配职责方案

将图 2-37 中管理职责分配简要描述如下：

业主项目部 = {控制(PMC 项目部),监督(PMC 项目部),授权 PMC 项目部控制(EPC 项目部),授权 PMC 项目部监督(EPC 项目部)}；

PMC 项目部 = {控制(现场监理),控制(EPC 项目部),监督(现场监理),监督(EPC 项目部),授权现场监理监督1(EPC 现场代表,施工项目部,施工作业组),报告(业主项目部)}；

现场监理 = {监督1(EPC 现场代表,施工项目部,施工作业组),报告(PMC 项目部)}；

EPC 项目部 = {控制(施工项目部),控制(EPC 现场代表),监督2(施工项目部),监督2(EPC 现场代表),授权 EPC 现场代表监督3(施工项目部,施工作业组),报告(PMC 项目部)}；

EPC 现场代表 = {监督3(施工项目部,施工作业组),报告(EPC 项目部)}；

施工项目部 = {控制(施工作业组),监督3(施工作业组),授权施工监督'监督(施工作业组)}；

施工监督' = {监督4(施工作业组),报告(施工项目部)}。

上述管理体系具有以下特征：

①符合控制权与监督权分配管理规律；

②符合主体责任唯一性原则,现场监理监督 EPC 现场代表、施工项目部、施工作业组,是对 PMC 项目负责,EPC 现场代表监督施工项目部、施工作业组是对 EPC 项目部负责；

③符合亲属相隐原则；

④符合组织独立与协同原则；

⑤符合管理层次与效率效益原则；

⑥符合授权与控制平衡原则；

⑦符合绩效考核与进度款支付一致性原则。

该管理体系既关注管理过程,也考虑到管理结果,在实际运行过程中,只要各方职责到位,项目管理就能够有效运行。

2.5 复杂项目管理策划与设计的步骤

2.5.1 组织结构策划

第一步,进行项目管理组织结构预设;

第二步,根据组织结构进行工作范围与管理策划;

第三步,对项目管理组织中的项目管理要素进行提炼,为建立项目管理模式提供基础;

第四步,通过项目管理组织之间的映射,建立项目管理要素之间的对应关系;

第五步,对项目管理要素进行调整;

第六步,对项目管理组织进行调整;

第七步,对项目管理组织与项目管理要素进行验证。

2.5.2 项目管理总体结构设计

第一步,确定主要参与组织之间的管理关系;

第二步,根据过程动态管理要素,确定参与组织之间的联系;

第三步,根据项目管理信息流通情况,验证是否畅通;

第四步,对组织及其联系进行调整。

2.5.3 工作范围、履行职责和管理界面策划与设计

第一步,明确管理要求;

第二步,根据项目内容列举全部工作清单;

第三步,根据项目管理策划和总体管理要求,赋予工作清单主体责任;

第四步,根据项目管理总体结构要求,赋予工作清单其他相关人员职责;

第五步,对清单进行整理,删除与其他各方无关的工作清单。

第 3 章

工程建设项目管理发展趋势

3.1 概述

自改革开放以后,项目管理服务经历了一个引进、消化、发展、变革的波动过程,监理体制的建立和形成,促进了项目管理服务的发展。20世纪80年代,引进国外先进的项目管理模式,对于推动项目管理改革起到了重要的作用,尤其是,监理单位作为建设市场上的管理主体之一,希望监理单位为建设单位提供高智能、专业化的项目管理服务。然而,价格决定质量模式,高智能、专业化的人才在监理行业未能获得比较好的收益优势,必然流转到其他行业,形成劣币驱良币。实际上,监理单位普遍聘用一般工程技术服务人员担任旁站监理,为业主提供监工服务,影响了监理队伍的发展。随着工程大型化和复杂化方向的发展,一般工程技术服务人员难以满足业主项目管理服务需求,从而促进了人们对现场旁站监理的思考。以业主服务为导向的项目管理模式如IPMT、监理总部等出现,促进了项目管理服务业的新发展。随着集约化、专业化、一体化的发展思路形成,生产运营单位把生产与建设并举,转化成以生产与安全为重点,不再采用被实践反复证明的庞大的临时项目管理机构与专业化发展相矛盾的做法,转向由监理、设计、施工等单位,以 PMC、EPC 等方式向业主项目管理机构提供服务与支持。图3-1是我国在项目管理服务领域总体发展趋势示意图。

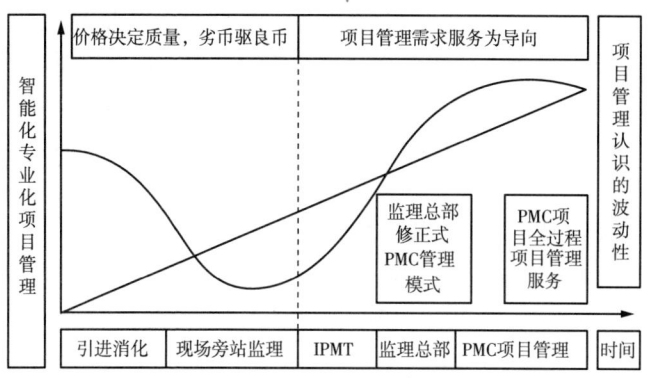

图3-1　工程建设项目管理发展趋势

3.2　项目管理服务方式

随着项目管理改革不断发展,项目管理的服务范围从施工监理,向设计监理、驻厂监造、业主项目管理专项咨询、IPMT项目管理、监理总部、PMC项目管理、项目管理承包扩展。

专项咨询服务管理模式在很多大型项目中采用,如在输气管道工程、液化天然气接收站工程等设计方面,聘请外方设计专家开展设计审查与咨询。外方专家为参与项目的业主人员、设计人员或监理人员答疑解惑,为项目决策提供重要的支持作用。

IPMT管理模式是业主项目管理人员与咨询服务单位的项目管理人员组成集成化的项目管理团队,咨询服务单位的人员主要是为业主项目管理人员提供服务与支持,决策权在业主项目管理人员,咨询服务单位工作与责任不独立,因此,不承担决策责任。在IPMT管理模式中,业主是项目管理决策的核心,咨询服务单位参与项目的个人,依据业主的需求,提供支持与服务,工作缺乏独立性,不能体现咨询服务单位的核心价值,不利于咨询服务单位向职业化、专业化方向发展。

监理总部模式是国内特有的项目管理服务模式,是由监理公司组成的项目管理团队为业主项目经理部提供项目集成管理和管理支持与服务。目前,监理总部的授权范围没有严格界定,总体来看,业主项目经理部一般把项目集成管理工作,委托监理总部独立完成,而提供支持与服务的决策权在业主项目经理部。因此,监理总部的工作与责任既具备独立性,又具有关联性,属于不全完独立的管理模式,这种形式是业主项目管理的必要补充,是监理单位向PMC项目管理模式演变的过渡形式。

PMC管理模式是项目管理单位负责对项目全过程管理,工作与责任基本独立,要求管理界面清晰,工作职责清楚,PMC代表业主实施项目管理。

代建制管理模式一般是指建管分离的大型或特大型项目,技术复杂,参与单位多,管理及其复杂,需要专业项目管理人员和专业技术人员为业主提供支持与服务。在代建制管理模式下,根据代建单位的管理能力与专业人员情况,聘请其他项目管理服务单位提供支持。

根据项目管理服务机构提供的专项咨询、IPMT、监理总部与PMC等方式,从服务机构的独立性、服务方式、责任承担、组织方式、发挥的作用、服务特色、管理发展的推动作用、管理界面、业主角色、成员角色、企业发展等方面进行分析(表3-1)。

表3-1 专项咨询、IPMT、监理总部与PMC对比分析表

序号	特点	专项咨询	IPMT	监理总部	PMC
1	独立性	不独立	不独立	不完全独立	基本独立
2	服务方式	参与业主需求的部分工作	按照业主需求开展工作	为业主提供支持,并独立开展工作	根据合同要求开展工作
3	责任承担	不决策,不承担责任	不决策,不承担责任	对独立完成的工作承担责任	承担管理责任

续表

序号	特点	专项咨询	IPMT	监理总部	PMC
4	组织方式	根据业主安排开展工作	同业主联合工作	独立开展工作	独立开展工作
5	作用	为业主提供支持与服务	为业主提供支持与服务	业主管理的必要补充	代表业主实施管理
6	服务特色	专家个人行为	团队成员个人行为	单位集体行为	单位集体行为
7	管理发展	推动个人职业发展	推动个人职业发展	有利于团队向专业化发展	有利于团队向专业化发展
8	管理界面	管理界面不清晰,服务取决于专家能力	管理界面不清晰,服务取决于个人能力	管理界面基本清晰,服务取决于管理团队	管理界面清晰,服务取决于管理团队
9	业主角色	业主是核心	业主是核心	监督与控制	监督与控制
10	成员角色	配合	配合	自主开展工作	自主开展工作
11	企业发展	不利于培育专业化的服务队伍	不利于培育专业化的服务队伍	有利于促进专业服务队伍的形成	有利于培育专业化的服务队伍

世界因有序的竞争而精彩,因无序的竞争而混乱,因缺乏竞争而失败。竞争是创造的源泉,竞争是发展的动力。市场是工程建设企业发展的载体,市场造就了工程建设企业的发展,企业的发展

促进了市场机制的运行。核心技术是企业发展的优势,判断是否应采用以业主为核心的管理模式,关键在于业主是否拥有核心技术。如果业主具有核心技术,业主会以核心技术引领工程建设企业的发展,如果业主没有核心技术,就难以担当培育工程建设企业核心竞争能力的重任。在此情况下,业主应充分利用市场主导权和市场机制,以培育工程建设企业核心竞争能力为导向,促进工程建设企业自我培育,自我发展,以工程建设企业的发展,提升业主的市场竞争能力。

随着工程建设企业的集团化方向发展,工程建设企业的服务优势正在不断扩大,项目业主由于一次性的任务,核心技术的开发更加依赖于服务企业,核心技术的转化更加依赖于服务企业,业主的成功更加依赖于市场。集团公司的竞争能力,工程建设企业的未来,就寄托在项目业主的身上。业主是市场资源配置的组织者,提高业主项目管理人员对项目管理发展的认识,提高工程建设企业的服务能力,是工程建设项目管理发展的核心任务。

3.3　典型项目管理模式及其变迁

项目管理模式由传统简单项目管理模式向复杂项目管理模式的转变,经历了一个自然发展的过程,在每一个模式的发展过程中,也经历了不断的变迁,适应时代的发展,适应规律的需求。

案例之一:某大型工程项目,有业主项目部、业主项目分部、监理总部、监理分部、区段监理、现场监理、施工项目部、施工作业组和检测项目部九类组织构成的一个项目管理体系。

项目管理体系中,业主管理出现了分层,即业主项目部和业主项目分部;监理管理出现了分层,即监理总部、监理分部、区段监理和现场监理;施工承包商管理出现了分层,即施工项目部和施工作业组,项目管理体系是一个多层互织的复杂项目管理。业主项目部选择监理总部、监理部分部,施工承包商和检测承包商,并与之签订合同,项目管理授权依照传统的管理方式进行,业主＋监理+承包商管理模式,按照国家现行的各种管理规定进行(图3-2)。

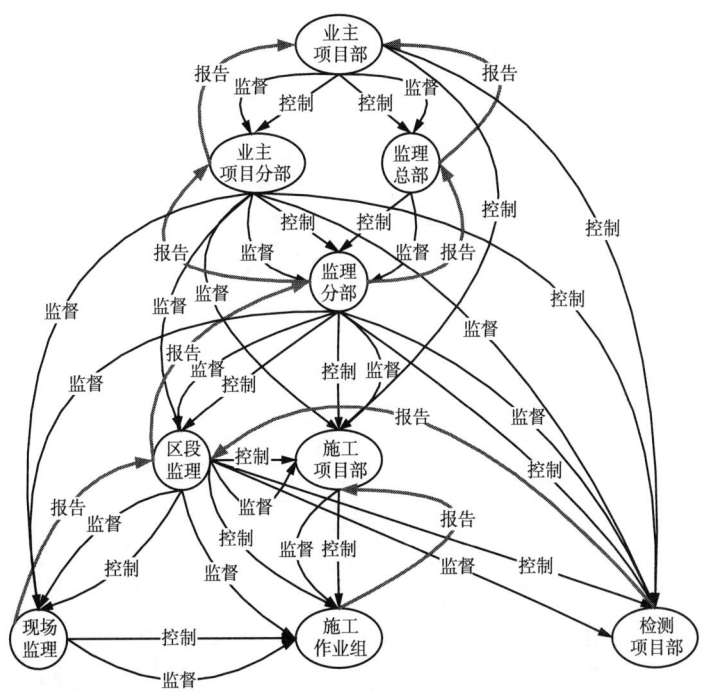

图3-2 设计的管理体系之一(业主+监理+施工检测承包商管理模式之一)

在项目运行过程中,发现现场监理不主动向区段监理报告存在的问题和需要协调的事项,区段监理不主动向监理分部报告存在的问题和需要协调的事项,监理分部由于管理跨度的限制,难于了解现场真实情况,往往采取加大检查频次的方式,满足业主项目分部的管理要求。监理分部对施工承包商和检测承包商实施管理,现场需要协调和处理的事项,监理分部往往会直接与业主项目分部协调,不会主动寻求监理总部的指令,监理分部往往不会把现场情况报告给监理总部。由于业主项目部授予业主项目分部控制职能,业主项目分部在控制权限范围内之事,会协调各方进行处理,不会主动向业主项目部报告现场真实情况。事先设想由监理总部对监理分部实施管理,而实际运行过程中,变为由业主项目分部对监理分部实施管理。项目运行过程中出现了信息阻塞,管理不畅的现象(图3-3)。

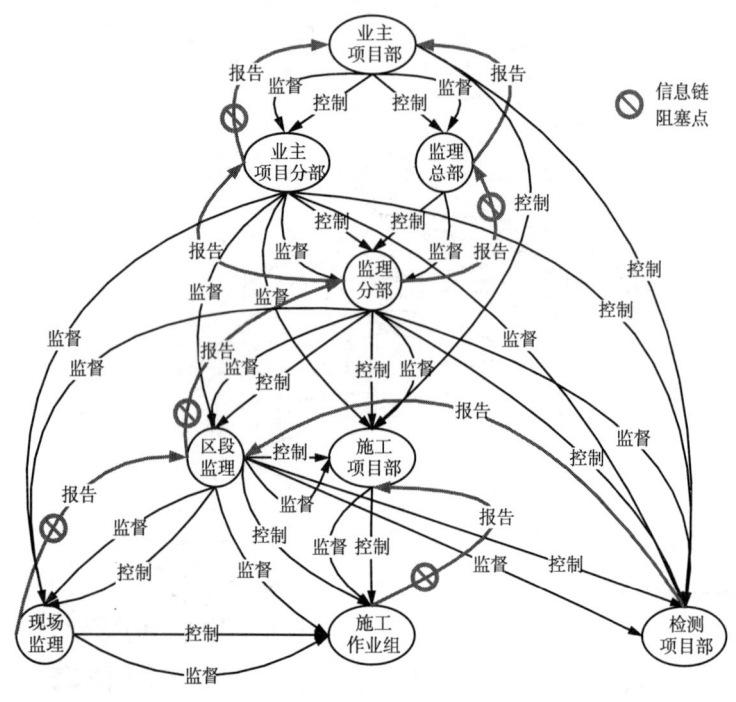

图3-3 实现运行过程中信息阻塞
(业主+监理+施工检测承包商管理模式之一)

业主项目部为了获取现场管理信息,对管理体系进行调整,增设项目飞检组,对改进项目管理起到重要的促进作用。

项目管理体系是项目运行的载体和基础,或者说,是项目运行的流水生产线。为什么项目管理体系没有按照事先设计运行?为什么执行过程中的管理信息链会阻塞?是责任不清,管理不明,还是另有原因?

按照业主项目部与监理总部、监理分部、施工承包商、检测承包商签订的合同界面来说,不存在责任不清,管理不明的问题。在复杂的项目管理过程中,如果责任划分重叠或者不符合复杂项目管理规律,简单的事物放在复杂的环境中,就引起管理博弈,由于生产管理不确定性,导致管理风险,出现信息阻塞。

实际上,增加项目飞检组并没有完全解决项目管理要素之间存在的潜在问题,项目飞检组只能对项目起到有限的作用,并不能解决整个管理体系中存在的实质问题。增加飞检后(图3-4),业主项目部与业主项目分部、监理总部与监理分部、监理分部与区段监理、区段监理与现场监理、施工项目部与施工作业组之间的信息链依然出现阻塞现象。

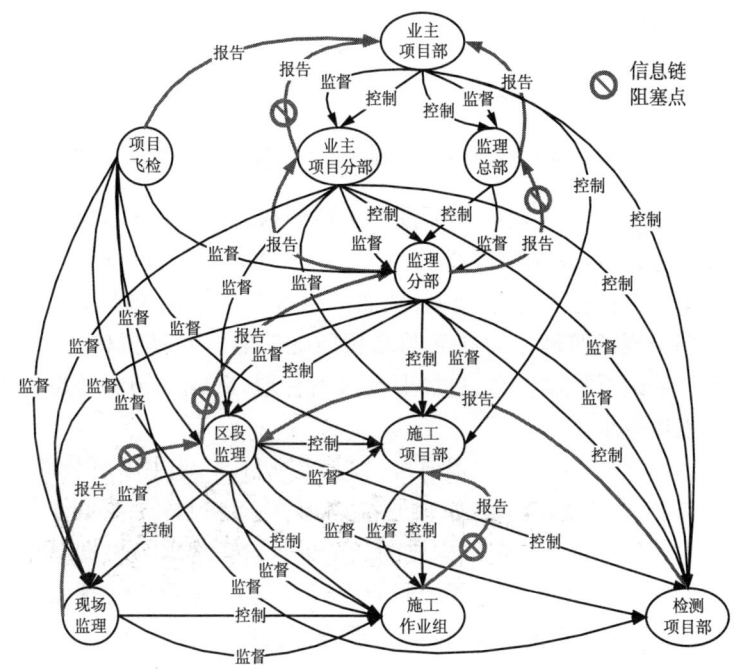

图3-4 实行运行管理体系的调整
(业主+监理+施工检测承包商管理模式之一)

为了对上述过程开展进一步分析,假设各管理节点授权正确,假定监督在同级之间进行,相同定义的节点取其一,并补充不完善的管理节点,将上述主体管理过程简化(图3-5)。

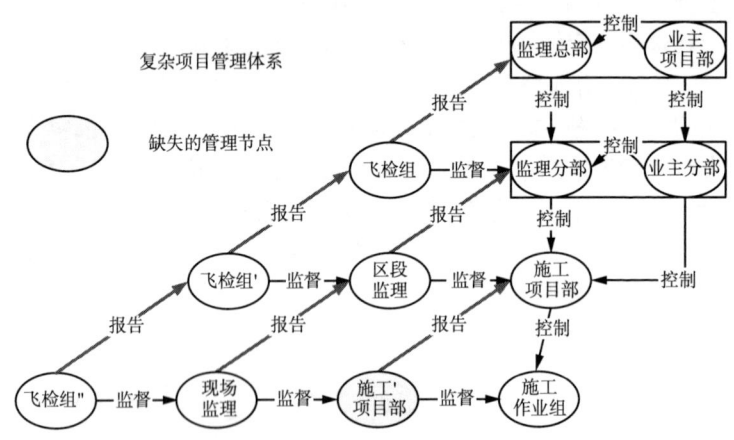

图3-5 简化分析图(业主+监理+施工检测承包商管理模式之一)

业主项目部对业主分部授予了控制权,而业主分部与业主项目部同势,造成业主项目部、业主分部、监理总部、监理分部在实施过程中的定位往往难于把握,从而产生授权与控制不平衡。施工项目部与现场监理之间缺乏与之相匹配的监督管理机构,造成施工项目部缺乏控制信息,再加上授权不合理,造成现场监理越权管理施工作业组。

案例之二:某大型工程项目,有业主项目部、业主项目分部、监理总部、监理分部、区段监理、现场监理、施工项目部、施工作业组和检测项目部等九类组织构成的一个项目管理体系。根据案例之一的管理经验,对监理总部的职能进行了调整,由重点管理监理分部,变为重点服务业主项目部,监理分部由业主项目分部控制(图3-6)。

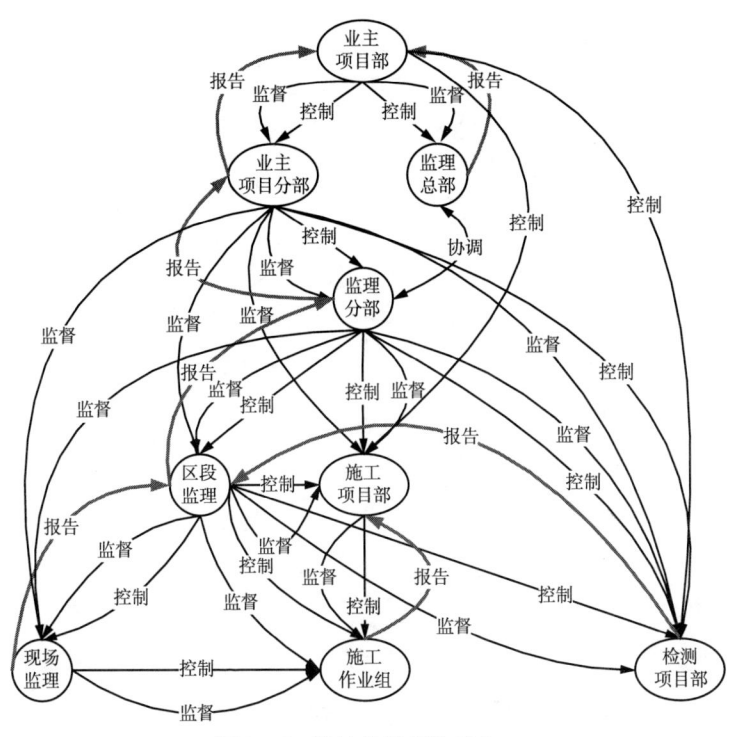

图3-6 设计的管理体系之二
(业主+监理+施工检测承包商管理模式之二)

此项调整工作改善了监理总部的工作状况,但并没有改善项目的整体运行状况。业主项目部与业主项目分部、监理分部与区段监理、区段监理与现场监理、施工项目部与施工作业组之间的信息链依然处于阻塞状态。按照项目管理策划与设计的检验标准来看,此管理体系仍不满足项目管理要求(图3-7)。

为改善管理信息的流动,促进管理水平提高,在项目实施过程中,业主项目部和监理总部组织联合检查组1,业主项目分部和监理分部组织联合检查组2,开展了不定期的监督检查活动。检查活动提高了项目的执行效果,但并没有改善原有的信息流阻塞现象,业主项目部与业主项目分部、监理分部与区段监理、区段监理与现

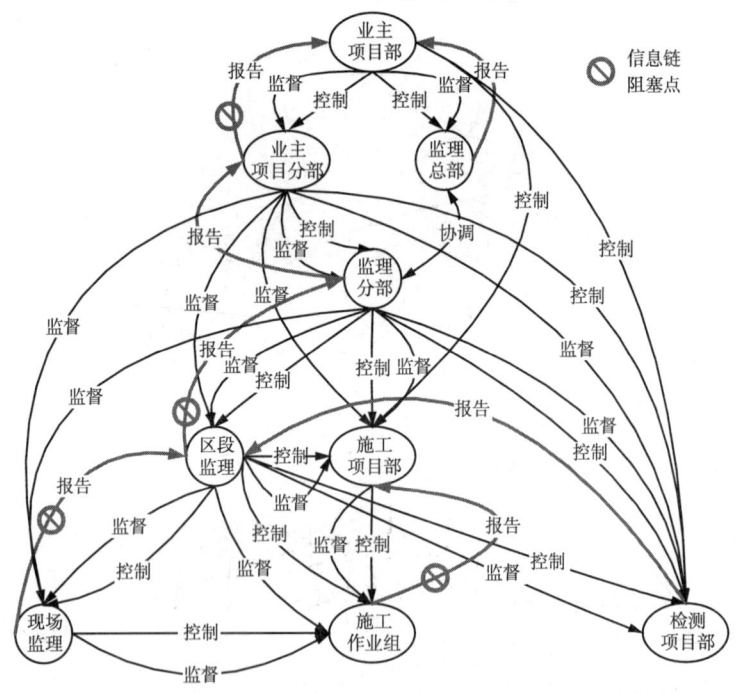

图 3-7 实现运行过程中信息阻塞
（业主 + 监理 + 施工检测承包商管理模式之二）

场监理、施工项目部与施工作业组之间的信息链依然处于阻塞状态（图 3-8）。

为了对上述过程开展进一步分析，假定监督在同级之间进行，对下一级监督示为监督权人对其工作的分解，相同定义的节点取其一，并补充不完善的管理节点，将上述过程简化如图 3-9 所示。

业主项目部对业主分部授予了控制权，而业主分部与业主项目部同势，造成业主项目部、业主分部、监理总部、监理分部在实施过程中的定位往往难于把握，从而产生授权与控制不平衡。施工项目部与现场监理之间缺乏与之相匹配的监督管理机构，造成施工项目部缺乏控制信息，再加上授权不合理，造成现场监理越权管理施工作业组。施工承包商由于受业主和监理的双重控制，不合

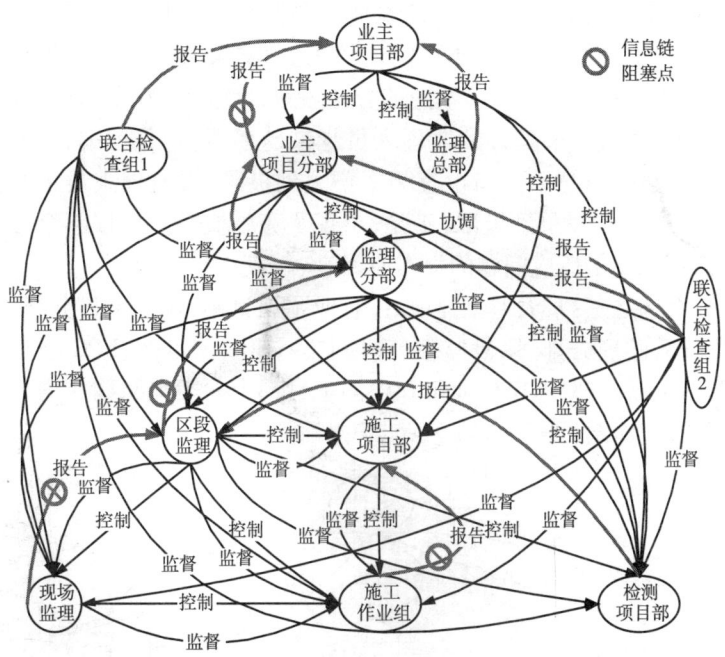

图 3-8 实际运行管理体系的调整
（业主+监理+施工检测承包商管理模式之二）

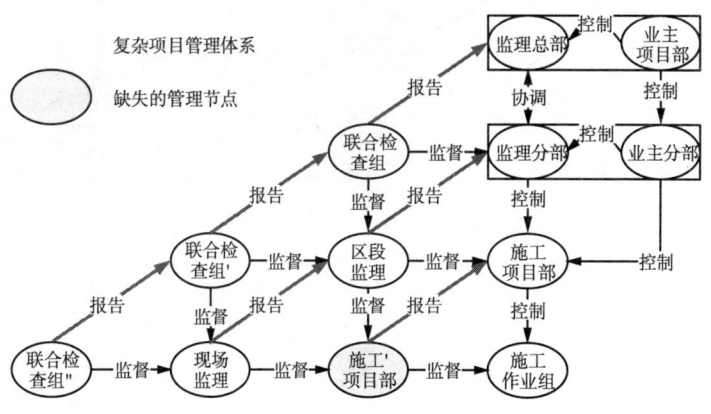

图 3-9 简化分析图（业主+监理+施工检测承包商管理模式之二）

理的管理方式，让施工承包商在业主与监理的管理中寻找自身的优势，把自身管理缺失加到监理的头上，结果造成承包商管理越差，业主越担忧。最直接快速的方法就是加大检查频率，随着检查频率的增加，要求配备的监理人员越来越多，随着分工细化，监理工作也越来越简单。当检查频率增大到极限时，监理人员也多到极限，工作也简单到极限，于是，出现了旁站监理。授权不合理和体系不完善是造成问题的根本原因。

案例之三：某大型工程项目，有业主项目部、业主项目分部、监理总部、监理分部、区段监理、现场监理、EPC 项目部、EPC 项目分部、施工项目部、施工作业组和检测项目部十一类组织构成的一个项目管理体系(图 3 – 10)。

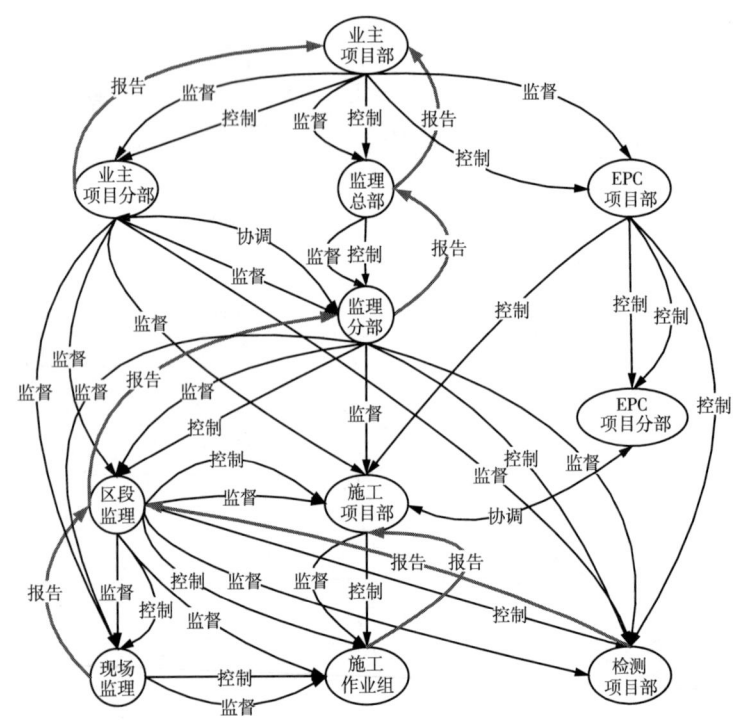

图 3 – 10　设计的管理体系之三(业主 + 监理 + EPC 管理模式)

业主项目部授权监理总部对监理分部、区段监理、现场监理和检测项目部进行管理,授权 EPC 项目部对施工承包商进行管理。EPC 把监督视为监理的工作,没有建立起自己独立的监督管理体系,现场管理仍然停滞监理与施工承包商之间。监理总部对现场的管理仍然采用加大频率的巡检方式,从区段监理与现场监理获取的管理信息仍然有限。在项目实施过程中,为强化监理总部的管理,将监理分部控制职能调整到监理总部,简化监理分部的日常管理工作,强化监理分部的监督职能,将监理分部重组为监理检查组,专门负责监督检查工作,改善监理总部的信息来源,有利于强化 EPC 项目部的管理。EPC 项目部为了加强现场管理,也加大对现场巡检的频率,对施工承包商改进工程管理起到了一定的推动作用(图 3-11)。EPC 现场管理信息的缺失和监理信

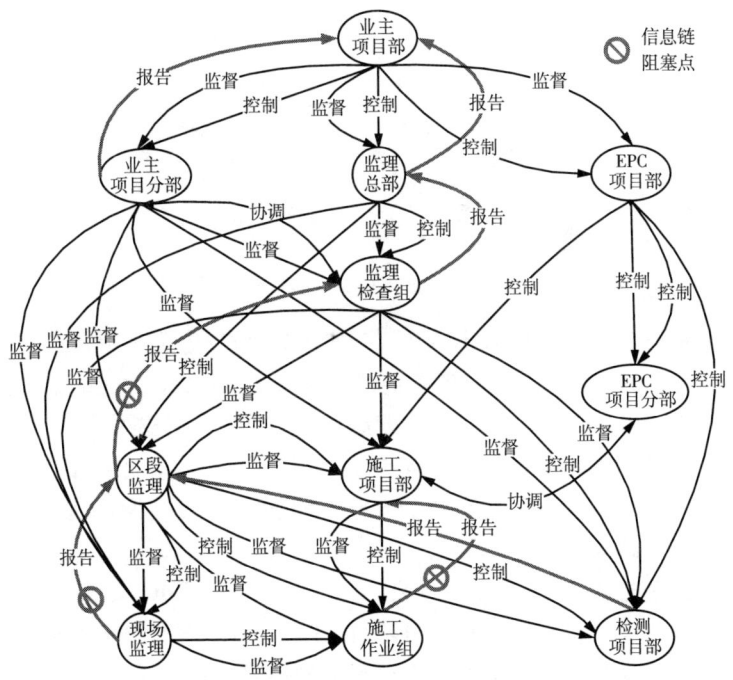

图 3-11 实际运行管理体系的调整(业主 + 监理 + EPC 管理模式)

息的阻塞,现场监理承担了本不应当承担的责任,监理总部和EPC项目部采用加大频率的方式进行推动项目管理,仍然没有走出简单管理模式的思维老路,项目管理的探索依就是路漫漫其修远兮。

为了对上述过程开展进一步分析,假设各管理节点授权正确,假定监督在同级之间进行,对下一级监督示为监督权人对其工作的分解,相同定义的节点取其一,并补充不完善的管理节点,将上述过程简化如下:

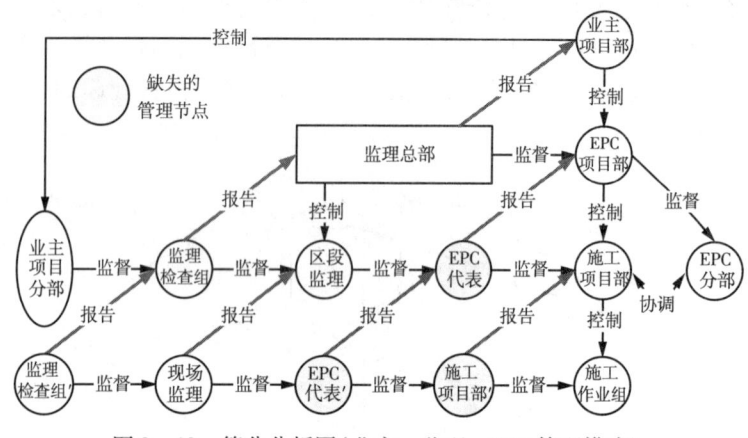

图3-12 简分分析图(业主+监理+EPC管理模式)

从图3-12可以看出,EPC管理节点缺失,施工项目部与区段监理之间,施工作业组与现场监理之间缺乏与之相匹配的监督管理机构,造成EPC项目部缺乏控制信息,再加上授权不合理,造成区段监理和现场监理越权管理施工项目部和施工作业组,因此,案例之三存在的主要问题有两个方面,一是管理授予权不正确,二是管理节点缺失。

案例之四:某大型工程项目,有业主项目部、PMC项目部、现场监理、EPC项目部、EPC项目分部、施工项目部、施工作业组和检测项目部等八类组织构成的一个项目管理体系(图3-13)。

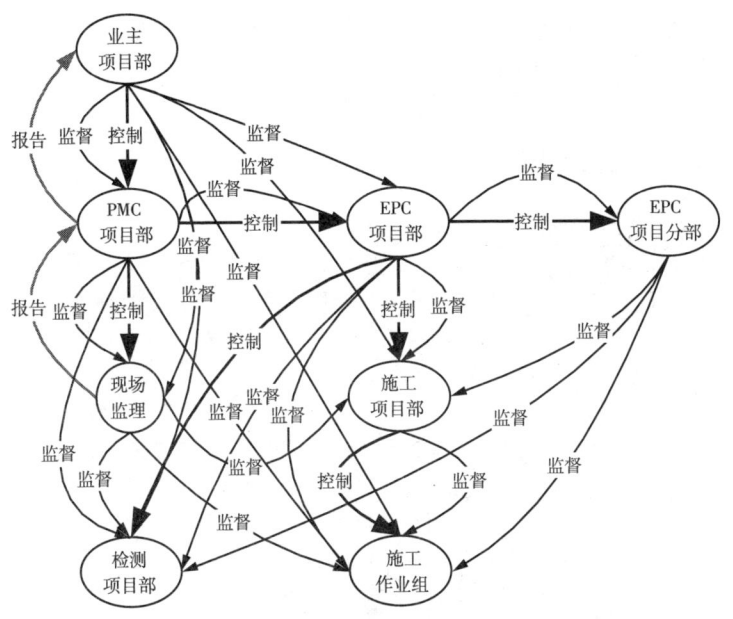

图3-13 设计的管理体系之四(业主+PMC+EPC管理模式)

业主项目部授权PMC对EPC实施管理,授权EPC对承包范围内的工程负责,EPC项目部授权施工、检测承包商对承包范围内的工程负责。PMC根据业主的授权由PMC项目部负责对EPC项目部及EPC项目分部实施管理,并派遣现场监理对施工、检测承包商进行监督管理。根据控制依权、监督依势的管理原则,施工、检测承包商资源调动权在EPC项目部,EPC项目部对施工、检测承包商具有控制权,现场监理不能调遣承包商的资源,不具备控制权,根据复杂项目管理的需要,对其授权改变了传统监理做法,现场监理只授予监督权,通过管理权限的调整改善了PMC项目部与现场监理的沟通状况,PMC项目部通过现场监理及时获取了大量的现场信息,促进了EPC项目部加强了现场管理。EPC项目部通过增加了检测频率,加强对施工、检测承包商的管理。由于PMC反映的现场信息，EPC 项目部难于通过加大频率的方式解决，为适应管理需求，EPC 项目部增设了现场代表，现场代表的增设改善了 EPC 获取现场信息的状况，提高了管理效率与效果(图 3-14)。

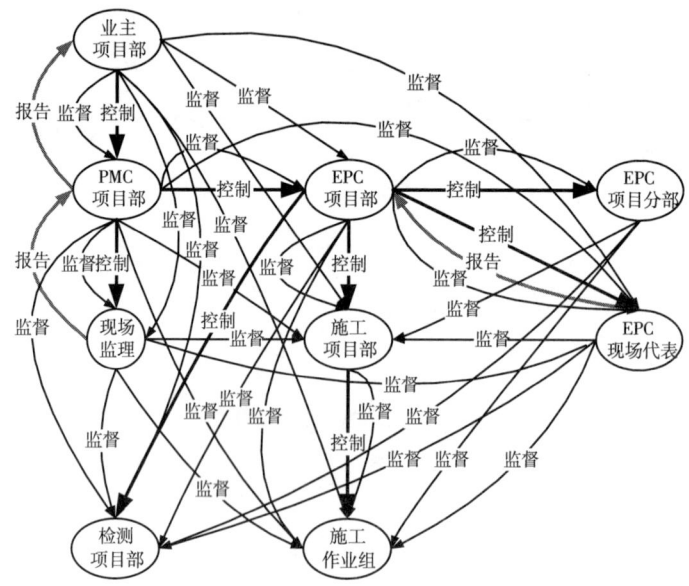

图 3-14　实际运行管理体系的调整(业主 + PMC + EPC 管理模式)

为了对本案例进行更深入分析，对其进行简化，设业主项目部为 A，PMC 项目部为 B，EPC 项目部为 C，EPC 项目分部在现场管理方面与 EPC 项目部责任一致，故简化，在分析中不予考虑。现场监理为 D，施工项目部为 E，施工作业组为 F，检测项目部与施工项目部的管理一致，故简化，EPC 现场代表为 G。用集合与项目管理要素表示如下：

设计管理模式：

A = {控制 1(B)，监督 1(B、C、D、E、F)}

B = {控制 2(C)，控制 3(D)，监督 2(C、D、E、F)，报告 1(C、E、F)}

C = {控制 4(E)，监督 3(E、F)}

D = {监督4(E、F),报告2(E、F)}
E = {控制(F),监督(F)}
简化的管理体系如图3-15所示。

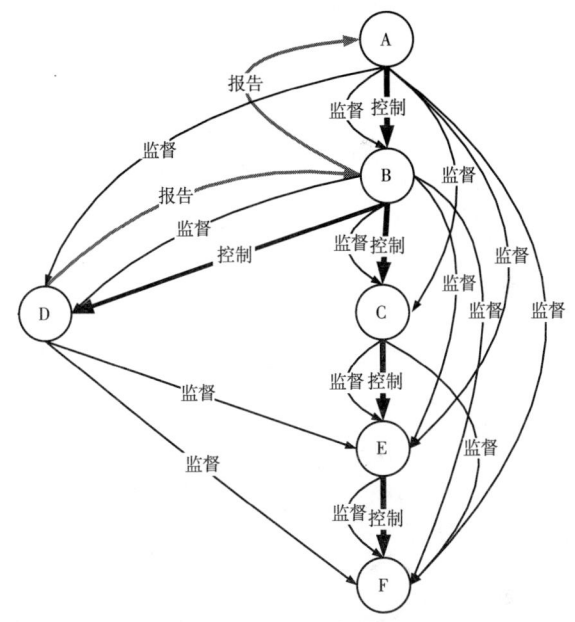

图3-15 简化的设计管理体系

从图3-15中可以看出,B组织通过监督及时获取对C组织的信息,B组织通D组织的监督,及时获取E、F组织的信息。A组织可以通过B组织获取C、E和F组织的过程管理信息,而C组织由于缺乏对E、F组织的同步监督,很难及时获取E、F组织的过程管理信息。在A、B组织与C组织的管理博弈中,C组织处于被动状态。

项目实施过程中调整后的管理模式:
A = {控制(B),监督(B、C、D、E、F、G)}
B = {控制(C),控制(D),监督(C、D、E、F、G),报告(C、E、F、G)}
C = {控制(E),控制(G),监督(E、F、G)}

D = {监督4(E、F、G),报告2(E、F、G)}
E = {控制(F),监督(F)}
G = {监督5(E、F),报告3(E、F)}

上述管理体系如图3-16所示。

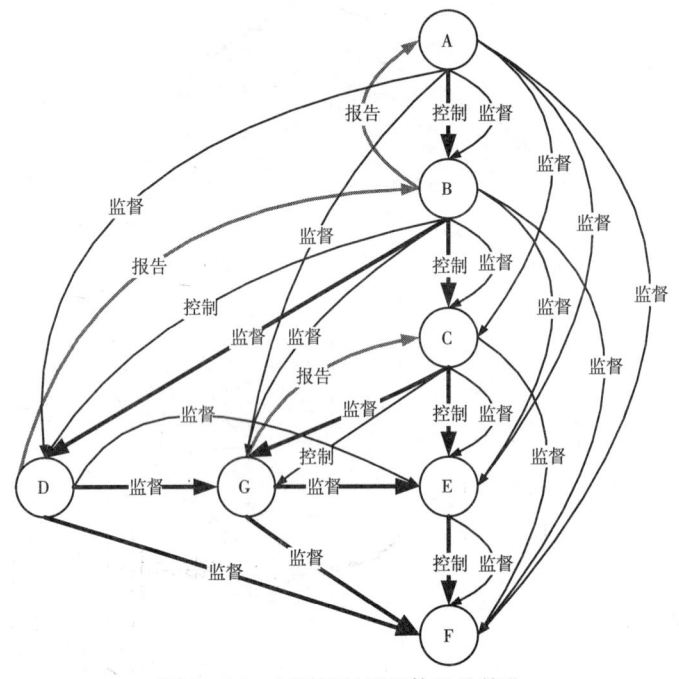

图3-16 实际运行管理体系的简化

增加G组织前,对E、F组织的监督工作,必须由C组织亲自完成。增加G组织后,由G组织代替C组织对E、F组织进行监督管理,通过增加G组织理顺了C组织与E、F组织之间的关系。

对上述案例进行进一步分析,假定监督工作主要定位为日常监督,设定在同级之间进行,上一级的监督在非同一单位内为非日常监督,对此进行简化,对下一级监督示为监督权人对其工作的分解,如D对F的监督可分解为D′,E对F的监督可分解为F′,G对F的监督可分解为G′,则该管理体系可以由图3-17表示。

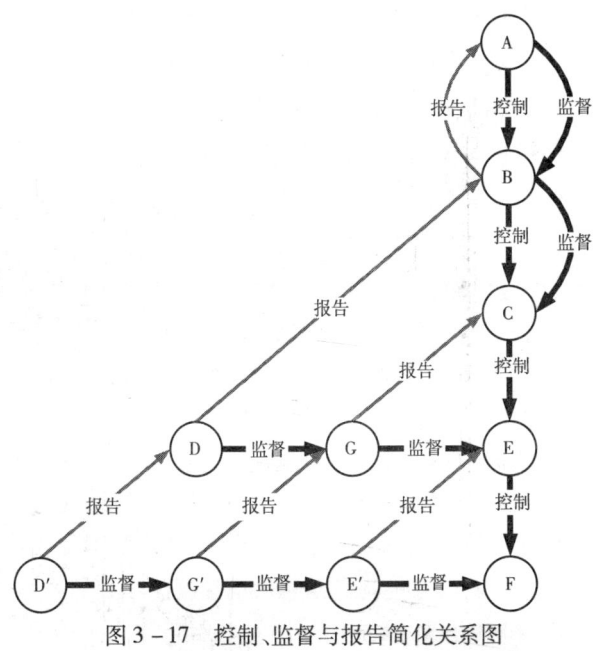

图 3-17 控制、监督与报告简化关系图

上述管理过程符合监督权与控制权在再分配过程中三角形规律,实践证明,调整后的管理体系,在项目管理过程中顺畅,符合管理需求。案例之四,说明调整后的管理模式实现了从传统的简单管理模式向复杂项目模式的跨越。

3.4 工程建设项目管理的发展方向

3.4.1 项目管理理论与信息化的发展促进项目管理向专业化方向发展

项目管理理论的发展,改变了传统项目管理依赖于经验的管理模式,通过项目管理理论把传统的经验转化为可传播的知识,项目管理人才可以通过培训教育的方式获得。项目管理公司积累的知识财富与培训能力,决定了项目管理公司未来的发展,信息化统一了项目管理公司的操作模式,形成独具特色信息化管理系统,使得项目管理公司从传统小规模式的项目管理方式,走向适应现代工程建设的信息化流水线式管理。项目管理公司的职员凭借项目管理公司的平台,快速适应社会发展需要,突显项目管理公司独具特色的竞争优势,满足业主不断增长的管理需求,促进项目管理不断向专业化方向发展。

3.4.2 项目数据处理中心与信息化管理流水线

随着工程建设项目大型化、复杂化和管理集约化的发展,项目实施过程中的管理数据巨大,传统依赖于调度人员进行数据统计分析的管理方式,越来越难以满足工程管理需要。工程管理信息在项目建设过程中不断变化,数据的准确度随着工程建设的进展,越来越准确,数据的不确定性越来越小,这就增加了工程管理信息的复杂性。在现代工程建设管理过程中,每一个参与工程建设的管理人员,就是一个信息源,只有每一个参与工程建设的管理人员参与工程信息化协作,才能提高信息反应速度。项目管理效率,项目建设决策质量和项目建设效益,节约社会成本,建立工程项目数据处理中心,就是为工程信息化协作提供一个公共管理平台(图3-18)。

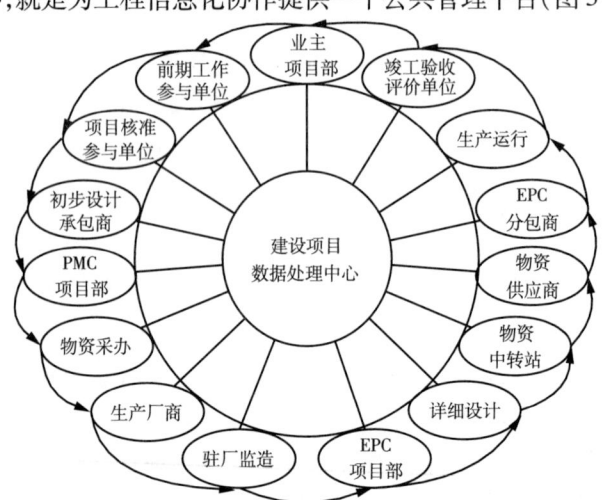

图 3-18　建设项目数据处理范围构成

公共管理平台的建立,管理数据将依赖于管理人员,不再依赖调度统计人员。把信息融于管理之中,利用信息加强管理,增强了管理人员发布信息和利用信息的积极性。项目实施过程中,信息传递的关联性,促进了信息化管理流水线的形成,信息化管理流水线加快了信息的传递速度,为节约资源和有效利用资源提供了决策依据。

建立建设项目数据处理中心既有利于加快数据的流转,也有利于规范管理行为。例如,某工程的关键设备,在初步设计批准之后,既可进入采办程序,此时,可以为该设备赋予一个代号。随后该设计的所有信息通过赋予的代号表达出来,直到工程竣工验收完毕。设备在流转过程中的所有信息,通过建设项目数据处理中心表达出来,信息不再属于某一个单位或部门或个人,方便了工程管理。

3.4.3 项目业主与工程建设项目管理的发展

需求是机遇,也是挑战,是矛盾的起点,也是矛盾的终点,矛盾起于需求未满足,矛盾终于需求之满足。工程项目实施建管分离之后,业主项目部就成为工程建设的开发机构,开发成果将要受到业主的严格验收,随着PMC、EPC管理模式的发展,业主项目部的职能也必将发生转变。在新的形式下,业主项目部的职能主要有两个方面,一是建立项目信息化管理流水线和数据处理中心,二是实施项目核准,初步设计审批,委托PMC、EPC和关键与大宗物资供应厂商,与业主项目部相关的协调工作,对PMC绩效考核和竣工验收工作。业主项目部通过项目开发获取利益,对PMC、EPC实施总价合同制,不再通过项目实施过程中的管理来分享PMC、EPC的利益,通过把实施过程中的监督与确认向PMC转移,把实施过程中的控制与协调向EPC转移来分散业主项目部的管理风险,项目管理责任与阶段划分如图3-19所示。

业主项目部仅对PMC、EPC实施必要的监督管理和承担业主项目部所需要决策的工作内容责任,不再参与PMC与EPC的过程

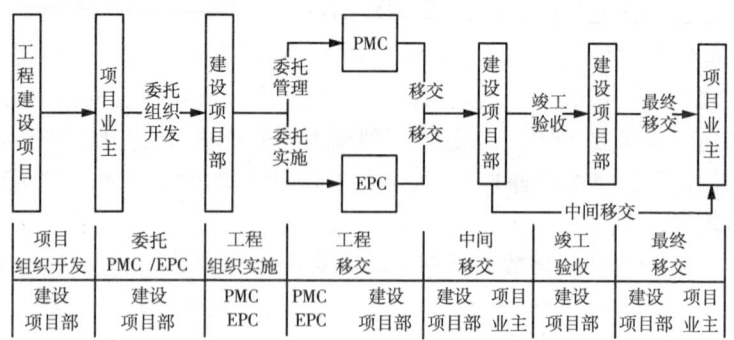

图 3-19 工程建设管理过程与责任界线

管理,不承担由于 PMC、EPC 工作失误而造成的损失,不承担由于 PMC、EPC 工作失误而生产的事故责任。业主通过最终产品的严格验收,促使 PMC、EPC 承担风险责任而不断完善自身管理,促进工程建设项目管理健康发展,PMC 与 EPC 也作为工程建设的真正主体,承担各自的管理责任,PMC 从作为业主的延伸向代行业主方向转变(图 3-20)。

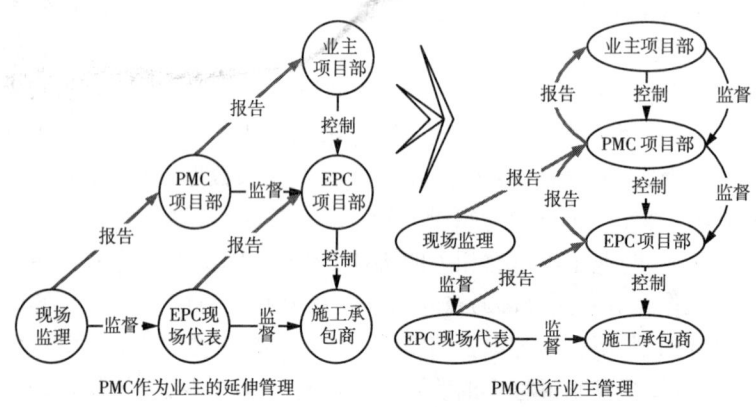

图 3-20 PMC 从作为业主的延伸向代行业主方向转变

第 4 章

项目群管理

4.1 传统设计、采购、施工模式与业主 + PMC + EPC 模式下的工作阶段划分

4.1.1 传统的设计、采购、施工模式阶段划分及主要工作内容

在传统的设计、采购、施工模式下,各阶段的工作内容如图 4-1所示。项目前期工作、初步设计、施工图设计工作全部由业主或由业主组织相关单位完成;在施工准备阶,由业主确定监理、施工、检测承包商,负责其管理范围内的物资采购及其管理工作,施工监理、施工、检测承包商完成开工前的各项准备工作,达到开工条件;施工阶段,施工、检测承包商负责按照合同完成约定的工作,施工监理负责对施工、检测承包商进行管理,并完成业主安排的相关工作,业主负责业主提供物资与工程变更的协调处理,并监督、考核监理的工作;在试运投产阶段,由业主组织试运投产工作,施工监理、施工、检测承包商予以配合;在工程验收阶段,由业主组织工程验收的各项工作,施工监理、施工和检测承包商负责收尾完善工作,配合工程专项验收和预验收工作。

4.1.2 业主、PMC、EPC 的工作阶段划分及主要工作内容

随着工程建设规模越来越大,工程管理越来越复杂,业主 +

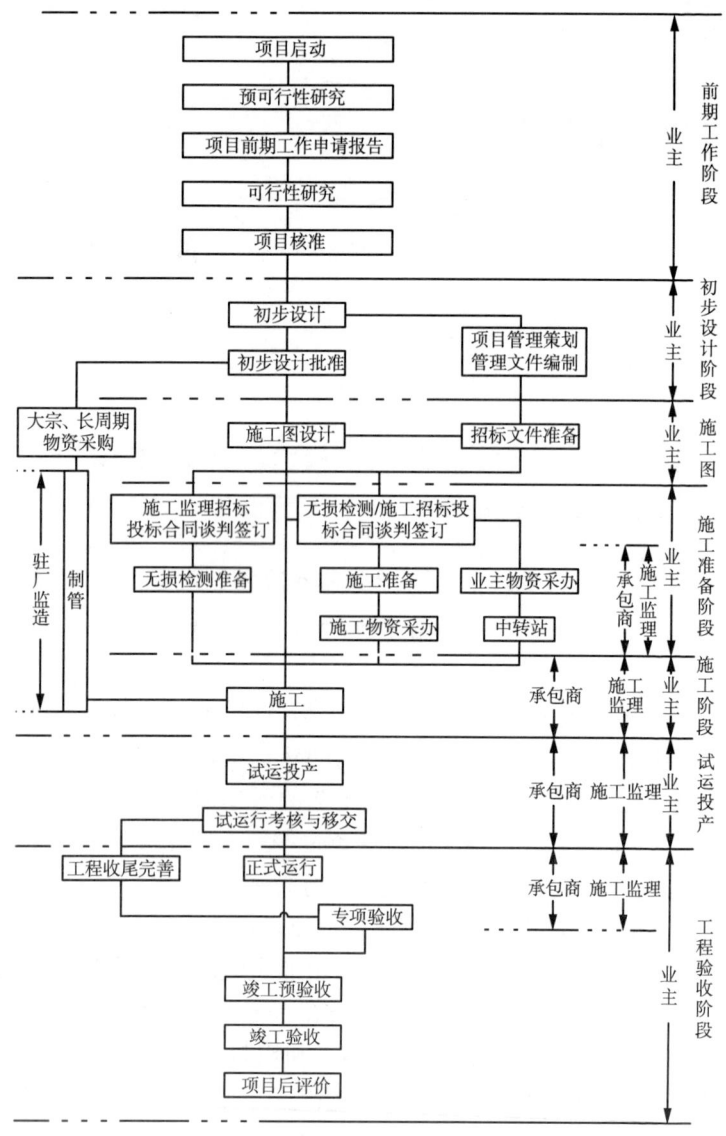

图4-1 传统的设计、采购、施工模式下工作阶段划分

PMC + EPC 模式出现。传统的项目管理阶段划分,已不适用于复杂项目管理的需要,图 4-2 描述了业主、PMC、EPC 各阶段的工作。

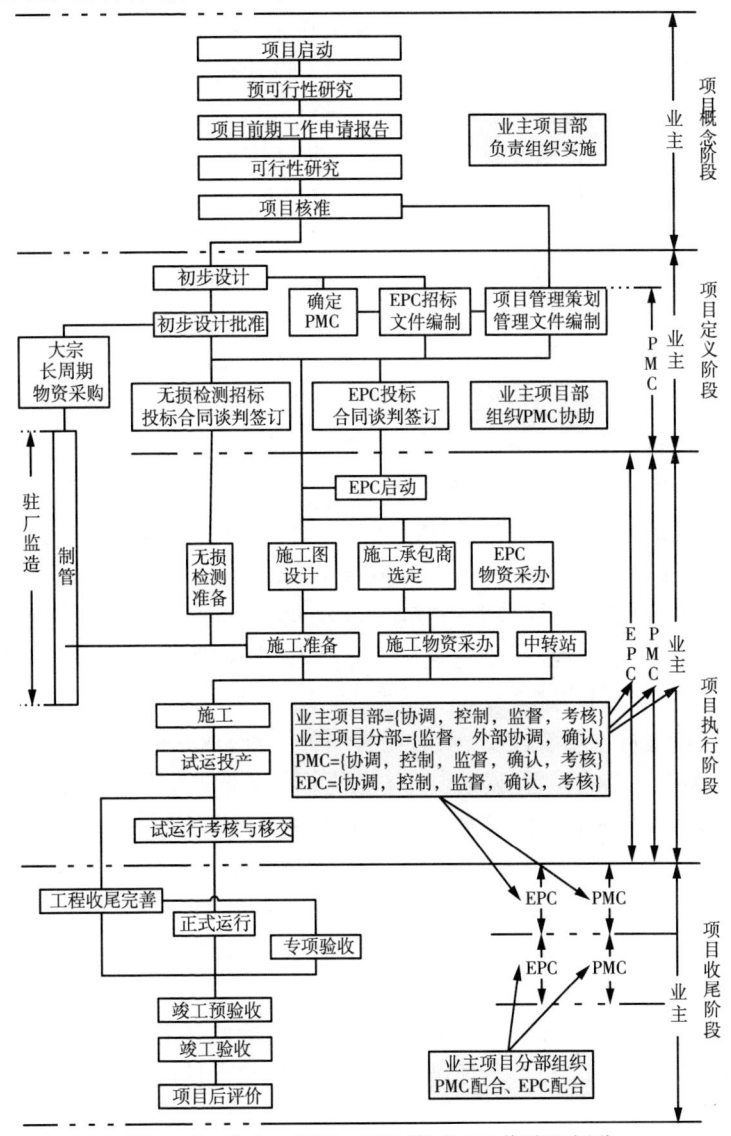

图 4-2 业主 + PMC + EPC 模式下工作阶段划分

项目概念阶段的全部工作,由业主或者由业主组织相关单位完成。

在项目定义阶段,业主的主要工作是:开展项目管理策划,明确参建各方的工作范围以及对各方实施管理的对策,确定 PMC、EPC 及相关承包商,组织开展初步设计和大宗物资与长周期物资的采办工作。PMC 的主要工作是:根据业主的指令,参与初步设计的评审工作,根据初步设计,开展项目管理设计,编制项目管理文件,参与 EPC 及相关承包商招标文件的编制工作。确定业主、PMC、EPC 及相关承包商的工作范围和管理对策,并以管理文件和承包合同的形式明确下来,为业主、PMC 开展各方管理提供基础。

在项目执行阶段,业主的主要工作是:项目的外部协调,对 PMC 工作的监督、确认与考核,对合同范围之外事项的控制,对合同不履行或者不完全履行采取的控制,以及业主项目部交办的事宜。PMC 的主要工作是:对 EPC 及业主直接委托的承包商合同履行情况的监督管理,对合同执行成果进行确认,对合同执行情况的考核,根据业主授权,对 EPC 及其业主直接委托的承包商对合同不履行或不完全履行采取的控制,以及业主项目分部交办的事宜。EPC 及业主直接委托承包商的主要工作是:按照管理文件和合同要求履行合同约定义务。

在项目收尾阶段中,收尾完善项目管理,业主的主要工作是:对 PMC 工作的监督、确认与考核,对合同范围之外事项的控制,对合同不履行或者不完全履行采取的控制。PMC 的主要工作是:对 EPC 及业主直接委托的承包商合同履行情况的监督管理,对合同执行成果进行确认,对合同执行情况的考核,根据业主授权,对 EPC 及其业主直接委托的承包商对合同不履行或不完全履行采取的控制。EPC 及业主直接委托承包商的主要工作是:按照管理文件和合同要求履行合同约定义务。专项验收工作由业主组织、PMC 与 EPC 配合。竣工预验收、竣工验收和项目后评价由业主组织实施。

4.1.3 传统的设计、采购与施工模式与业主+PMC+EPC模式的主要区别

表4-1从项目的确定性与非确定性,解决非确定性的途径,不确定性下的工程管理适应性,工程交叉的适应性,利益分配,管理方式,不确定下的风险管理,对投资管理的影响,技术与管理进步的影响,合同模式的适应性,业主参与管理方式与深度,项目管理对业主,监理或PMC的要求,项目管理组织构架和项目管理策划与设计需求等方面对传统的设计、采购与施工模式与业主+PMC+EPC模式进行了对比分析。

表4-1 传统的设计、采购与施工模式与业主+PMC+EPC模式的主要区别

序号	项目	设计、采购与施工	业主+PMC+EPC
1	项目的确定性与非确定性	设定为确定性下的工程管理	设定为非确定下的工程管理
2	解决非确定性的途径	确定工程量+工程变更	建立发挥优势,分散风险,彼此约束、互利共赢的管理机制
3	不确定下的工程管理	不适应不确定下的工程管理需要	通过建立管理机制,适应不确定下的工程管理需要
4	工程内容或阶段交叉	不适应工程内容或阶段交叉管理	通过建立管理机制,适应工程内容或阶段交叉管理
5	利益来源	通过完成工程量来获取利益	通过完成工程量和优化管理、设计、采购、施工以及投产验收各项工作来获取利益
6	管理方式	简单项目管理,不需要深入开展相关项目管理准备工作	复杂项目管理,需要开展项目管理策划与设计,并开展相关项目管理准备工作
7	不确定状态下的工程	项目风险大,往往在工程完工后才全部暴露出来	由于前期建立了应对风险的管理机制,工程中的不确定项目通过管理机制及时解决

续表

序号	项目	设计、采购与施工	业主 + PMC + EPC
8	对投资影响	承包方没有节约投资积极性,往往通过增加工程量,来获取利益	通过建立适当的机制,承包方有节约投资的积极性,往往通过优化来获取更大利益
9	技术与管理进步	增加技术与管理投入,难于获得回报,不利于技术与管理进步	技术与管理进步能够带来更多的利益,有利于技术与管理进步
10	合同形式	适于单价合同,不适于总价合同,原因是一旦工程量变化,缺乏参考价款,难于调整合同数量与价款	适于总价合同,不适于单价合同,原因是承包商没有通过建立机制和优化来获取利益的积极性,反而会需要增加工程总承包费,没有转移业主的责任风险,业主干预过多,也不利于PMC与EPC的管理,同时,EPC高素质人员增多,也增加了业主解决不确定事项和合同外事项的难度
11	业主参与管理方式与深度	由于承包商不参与优化工作,优化管理工作由业主完成,业主需要参与每项工作	主要是通过对PMC的考核,促进PMC加强对EPC的管理
12	对业主、监理或PMC的要求	对业主和监理要求低,监理承担风险小,可以依赖于经验管理,管理方式直接,受约束的条件少	对业主和PMC要求高,PMC承担风险大,主要依赖于知识管理,管理程序复杂,受约束的条件多
13	管理组织构架	组织构架简单,责任划分单一,工作衔接关系简单	组织构架复杂,责任划分难度大,工作衔接关系复杂
14	项目管理策划与设计	不需要专门的项目管理策划与设计,不需要专门制定监理对承包商的管理对策	需要专门的项目管理策划与设计,需要PMC制定的EPC的管理对策

从表4-1可以看出,采用传统管理理念与方法,实施EPC模式,既不经济,也不符合项目管理的规律,不利于项目管理水平的提高,反而会增加项目风险。

4.2　业主+PMC+EPC模式过程管理

传统的设计、采办、施工管理模式基本上属于简单项目管理,业主+PMC+EPC模式属于复杂项目管理,下面就复杂项目管理过程进行重点探讨与分析。

4.2.1　项目概念阶段的工作

业主在项目概念阶段的主要工作分为:委托和评审及其相关工作,办理许可及获取批复文件相关工作,报审及获取批复文件相关工作等三个方面。

委托和评审及其相关工作的主要内容有:可行性研究、职业病危害预评价、地震安全评价、地质灾害危险性、水土保持方案评价、劳动安全卫生预评价、环境评价、矿藏压覆评价等。委托设计咨单位调查研究与编制报告,委托咨询单位评审,协助提供资料,并进行相关工作的管理。

办理许可及获取批复文件相关工作的主要内容有:用地、林业、交通、民航、军事、文物、水、电、城市规划等相关批复文件。委托设计咨询单位办理相关手续,协调政府相关部门批复,并获取批复意见。

报审及获取批复文件相关工作作的主要内容有:可行性研究报告、评价报告与核准报告。组织上报报告,并获取批复文件。

4.2.2　项目定义阶段的工作

业主在项目定义阶段的主要工作:委托及其相关工作,文件编制工作,报审及获取批复文件相关工作、招标投标合同谈判签订等四个方面。

委托和评审及其相关工作的主要内容有:委托初步设计并对协调初步设计过程进行管理,委托PMC,并对前期工作开展进行管理,委托大宗与长周期物资采购,并对采购过程进行管理。

文件编制工作的主要内容:项目管理策划与项目管理文件编制,EPC招标文件编制,其他承包商招标文件编制。通过项目管理策划,建立发挥优势,分散风险,彼此约束、互利共赢的管理机制,完善对PMC、EPC以及其他承包商的管理。

报审及获取批复文件相关工作:初步设计报审及获取批复文件。

招标投标合同谈判签订:EPC与无损检测招标投标合同谈判签订工作。

PMC在项目定义阶段的主要工作:项目管理机构设置,管理工作,配合文件编制工作,组织招标投标工作与配合合同谈判签订等四个方面。

管理工作:初步设计过程实施管理。

配合文件编制工作:配合业主开展项目管理策划与项目管理文件编制,EPC招标文件编制,其他承包商招标文件编制。PMC在此阶段应编制完成对EPC含有控制指令的所有文件,以便业主在招标过程中一次授予EPC,削减业主和PMC在实施过程向EPC下达控制指令的数量,从而规范对EPC的管理。协助业主编制项目管理、设计、采办、施工和投产优化管理方案和项目不确定性管理方案,制定合同外项目风险管理措施,明确外部取证管理程序和责任划分,约束和激励EPC加强管理。

组织招标投标工作与配合合同谈判签订:组织EPC与无损检测招标投标工作与配合EPC与无损检测合同谈判签订。

4.2.3 项目过程管理(项目执行阶段+收尾完善)

业主、PMC和EPC项目过程管理构架如图4-3所示。

业主对项目过程管理主要工作:①业主项目分部现场管理机构设置;②审批EPC项目执行计划;③审批EPC选择选定详细设计、物资采办和施工承包商;④监督PMC对项目过程的管理;⑤开展对PMC的绩效考核管理;⑥外部取证管理。

PMC对项目过程管理主要工作:①PMC现场管理机构的设置;

②对 EPC 项目管理文件的审查或审批管理;③监督 EPC 选择选定详细设计、物资采办和施工承包商和对项目过程的管理;④开展对 EPC 的绩效考核管理;⑤项目实施过程中的信息管理;⑥项目风险识别与培训交流管理;⑦EPC 外部取证的监督管理。

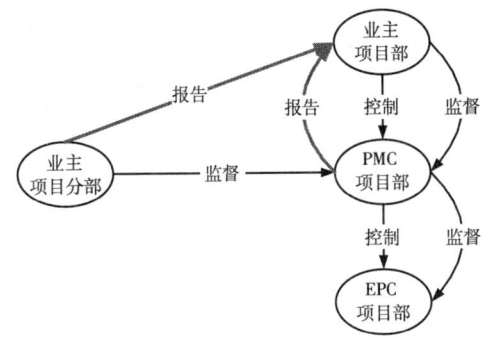

图 4 – 3　业主 + PMC + EPC 模式下的项目过程管理

EPC 对项目过程管理主要工作:①EPC 管理机构的设置;②EPC项目管理策划与管理文件的编制,建立项目管理、设计、采办、施工和投产优化管理方案和项目不确定性管理实施方案,制定合同外项目风险管理方案,充分调动各方积极性;③选定详细设计、物资采办和施工承包商;④开展对设计、采办、施工和投产试运机构的绩效考核工作;⑤项目实施过程中的信息管理;⑥对项目过程实施管理;⑦组织 EPC 范围内的项目风险识别与培训交流管理;⑧EPC外部取证的协调管理。

4.2.4　设计过程管理(项目执行阶段 + 收尾完善)

业主、PMC 和 EPC 设计过程管理构架如图 4 – 4 所示。

业主对设计过程管理主要工作:①监督 PMC 对设计过程的管理;②优化设计和不确定性以及合同外设计管理,即参与详细设计对初步设计方案优化,审批优化设计方案,参与对 EPC 招标文件中规定不确定性设计内容的过程管理,审批最终实施设计方案,参与合同外设计方案审查,并审批设计方案;③对自身关注的设计成果确认管理,主要内容有主要设备和技术方案、平面布置与建筑风格、涉及生产运行操作、维护、安全,以及装饰装修工程中涉及使用功能、花色、品质、观感的设计与设计变更。

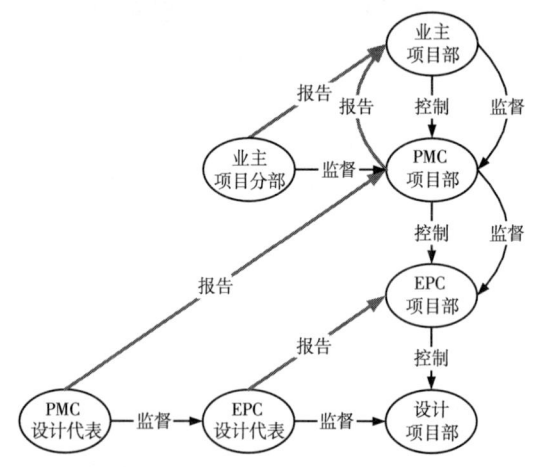

图4-4 业主+PMC+EPC模式下的设计过程管理

PMC对设计过程管理主要工作:①建立设计过程管理机构;②对设计输入管理和设计输出文件清单管理,建立设计执行监督体系;③开展设计执行过程中协调与监督、优化设计和不确定性以及合同外设计、设计图纸审查确认;④对设计图纸资料版次与发放监督管理;⑤设计现场服务实施监督管理;⑥监督EPC完成与设计有关的取证工作。

EPC对设计过程管理主要工作:①EPC应建立适应PMC对设计管理相适应的管理体系;②对设计过程实施管理,并负责外部协调的联络工作,为设计项目部工作创造条件;③负责实施设计优化和不确定性以及合同外设计的管理方案,调动设计的积极;④负责设计相关的各种取证工作。

设计项目部对设计过程管理:负责设计工作的具体实施,配合EPC开展相关工作。

4.2.5 采办过程管理(项目执行阶段+收尾完善)

业主、PMC 和 EPC 采办过程管理构架如图 4-5 所示。

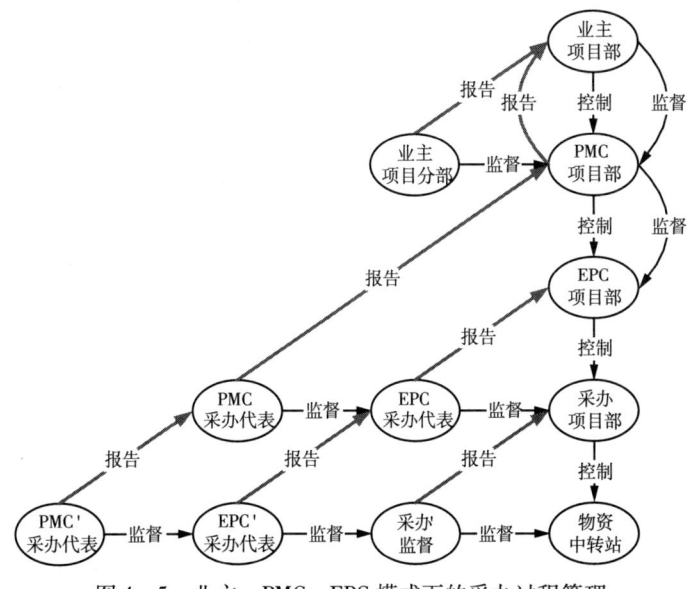

图 4-5 业主+PMC+EPC 模式下的采办过程管理

业主对采办过程管理主要工作:①监督 PMC 对采办过程的管理;②物流配置优化和不确定性以及合同外采购管理,即参与制定物流优化配置方案,审批优化配置方案,参与对 EPC 招标文件中规定不确定性物流内容的过程管理,审批最终实施调配方案,参与合同外采购方案审查,并审批采购方案;③对自身关注的采购物资审批与确认管理,主要有业主提供物资、业主规定采购范围的关键物资和装饰装修工程中涉及使用功能、花色、品质、观感的物资。

PMC 对采办过程管理主要工作:①建立采办过程管理机构;②对物资采办范围管理、物资采买管理、物资采办合同执行管理、物资仓储管理、物资不合格品处理、剩余物资管理等方面的管理;③开展采办执行过程中协调与监督、优化物流和不确定性以及合同外采办管理;④监督 EPC 完成与采办相关的物资取证工作。

EPC采办过程管理主要工作:①EPC物资采办管理;②业主提供物资的管理;③分包商的物资采办管理;④中转站管理;⑤优化物流和不确定性以及合同外采办的管理方案,调动采办积极;⑥取证管理,与设备有关的取证工作。

EPC中转站管理:负责物流中转工作的具体实施,配合EPC开展相关工作。

4.2.6 施工过程管理(项目执行阶段+收尾完善)

业主、PMC和EPC施工过程管理构架如图4-6所示

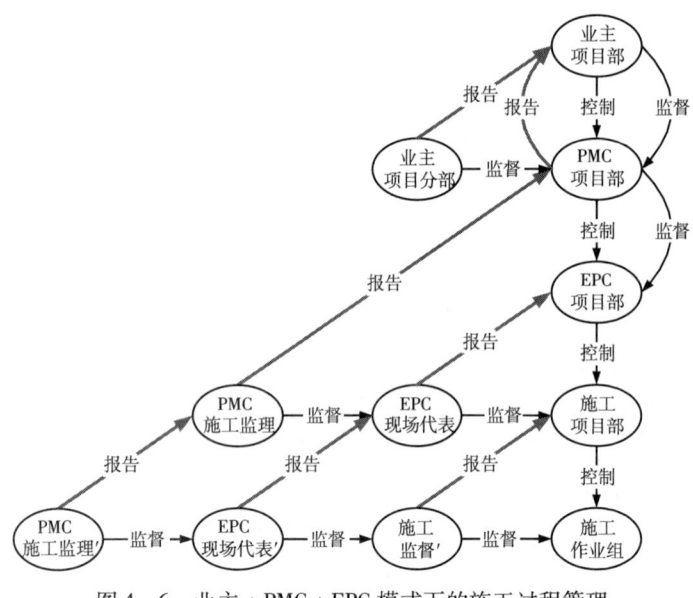

图4-6 业主+PMC+EPC模式下的施工过程管理

业主对施工过程管理主要工作:①监督PMC对施工过程的管理;②施工安全、质量和环境保护的监督管理;③施工不确定性以及合同外工程内容的管理;④配合EPC开展临时用地协调,负责永久征地工作,负责站外系统的合同谈判确认与签订和业主外部取证工作。

PMC对施工过程管理主要工作:①建立施工现场过程管理机

构;②对 EPC 施工开工审计管理、施工过程的协调、监督和确认管理、施工不符合项管理和无损检测管理;③开展施工执行过程中协调与监督、优化施工和不确定性以及合同外施工项目管理;④负责对无损检测的协调管理;⑤外协与外部取证监督管理。

EPC 对施工过程管理主要工作:①EPC 应建立适应 PMC 对施工管理相适应的管理体系;②对施工过程实施管理,并负责与业主、PMC 的联络工作,为施工项目部工作创造条件;③实施不确定性以及合同外施工项目的管理方案,调动施工承包商的积极;④外协与外部取证管理,EPC 负责临时用地的协调,配合业主开展永久征地的配合工作,负责站外系的协调工作,以及负责外部取证工作。

EPC 施工项目部管理:负责现场施工工作的具体实施,配合 EPC 开展相关工作。

业主、PMC 和 EPC 施工过程无损检测管理构架如图 4-7 所示。

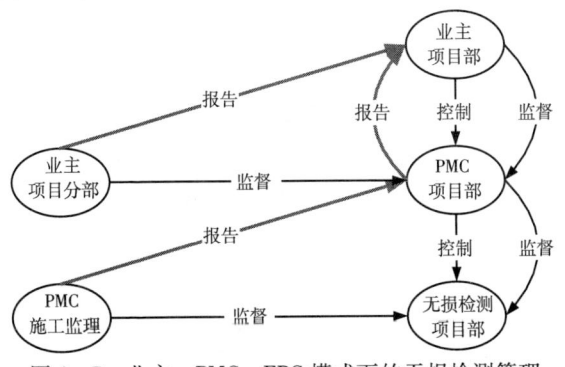

图 4-7 业主 + PMC + EPC 模式下的无损检测管理

无损检测对施工过程管理主要工作:①无损检测承包应建立适应业主 + PMC + EPC 相适应的管理体系;②负责检测工作的具体实施;③向 PMC 报告无损检测动态。

4.2.7 开车投产过程管理(项目执行阶段)

业主、PMC 和 EPC 开车投产过程管理构架,根据管理权限的变动,主要分为两种情形:一种情形是生产准备阶段和投产之后的可靠性测试与保运阶段(图4-8a);另一种情形是试运投产阶段(图4-8b)。

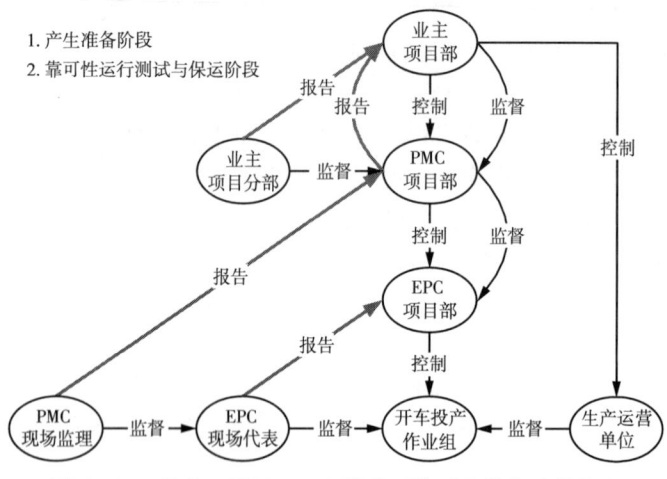

图 4-8a 业主+PMC+EPC 模式下的开车投产过程管理

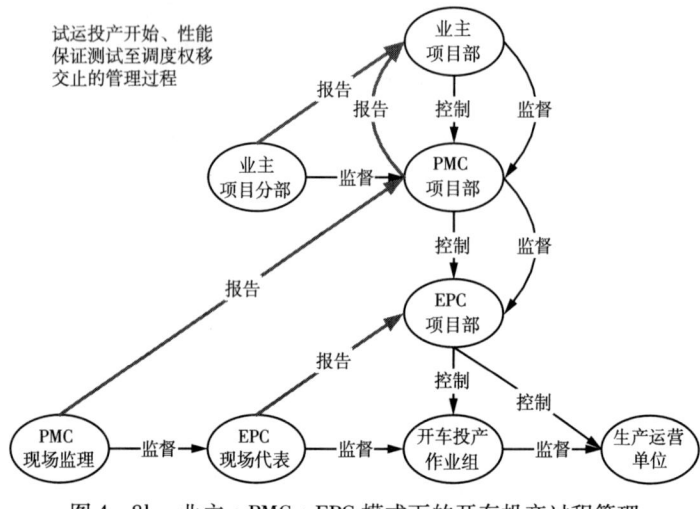

图 4-8b 业主+PMC+EPC 模式下的开车投产过程管理

业主对试运投产过程管理主要工作:①同运行单位的协调管理,由 EPC 向生产运行单位移交管理权和相关工程资料;②办理或者协调 EPC 办理外部取证工作;③投产方案审批工作;④开展投产前的中间验收,申请试运投产;⑤试运投产过程的协调工作;⑥监督 PMC 对试运投产过程管理。

PMC 对试运投产过程管理主要工作:①组织 EPC 向业主或生产运行单位移交管理权和相关资料;②监督 EPC 办理相关外部取证工作;③参与投产方审查工作;④监督 EPC 试运投产过程管理。

EPC 对试运投产过程管理主要工作:①完成向生产运行单位移交管理权和相关资料;②负责 EPC 的外部取证工作;③编制投产方案;④组织试运投产工作;⑤调度权移交。

试运投产项目部对试运投产过程管理,主要是负责试动投产工作的具体实施,配合 EPC 开展相关工作。

4.2.8 业主+PMC+EPC 组织管理结构

在业主+PMC+EPC 模式下,主要参与单位的管理关系衔接如图 4-9 所示。

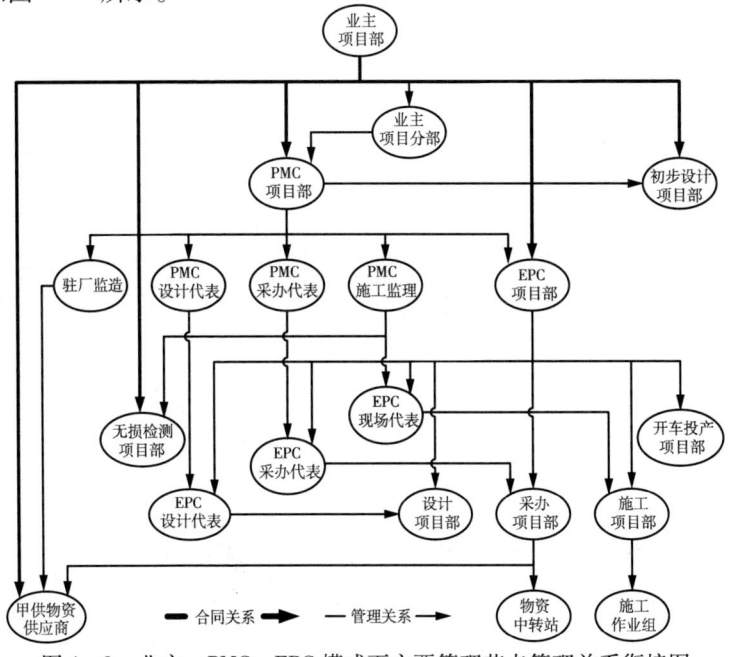

图 4-9 业主+PMC+EPC 模式下主要管理节点管理关系衔接图

4.3 项目群管理

随着集约化、专业化、一体化的管理思路形成,出现了项目群,为便于讨论项目管理过程,把项目群管理设定为"业主 + PMC + EPC"模式,一个项目多个 EPC,或者多个项目每一个项目一个 EPC 的管理(图 4-10)。

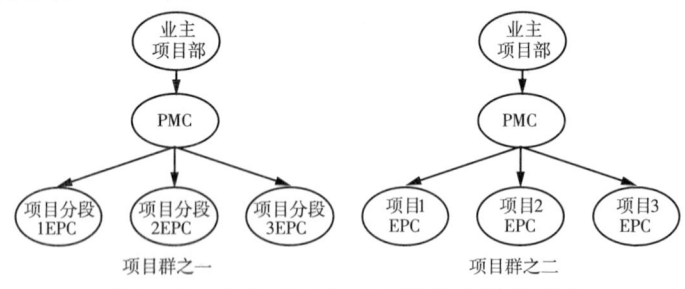

图 4-10　业主 + PMC + EPC 模式下项目群结构

PMC 在项目群管理中的作用主要有:标准化管理中心、信息管理中心、业绩考核中心、培训交流中心、平衡调度中心、优化与不确定事项处理中心、合同外事项的协调中心、EPC 项目启动与收尾集中管理中心。

为适应项目群管理的需要,根据项目管理策划与设计中的管理层次与效率效益管理原则,PMC 管理为两个部分,集中管理职能在 PMC 项目部(图 4-11),针对每一个 EPC 承包商管理职能在 PMC 分部(图 4-12)。

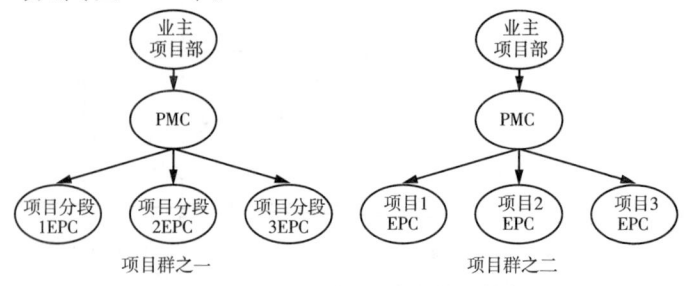

图 4-11　项目群共性内容管理构架

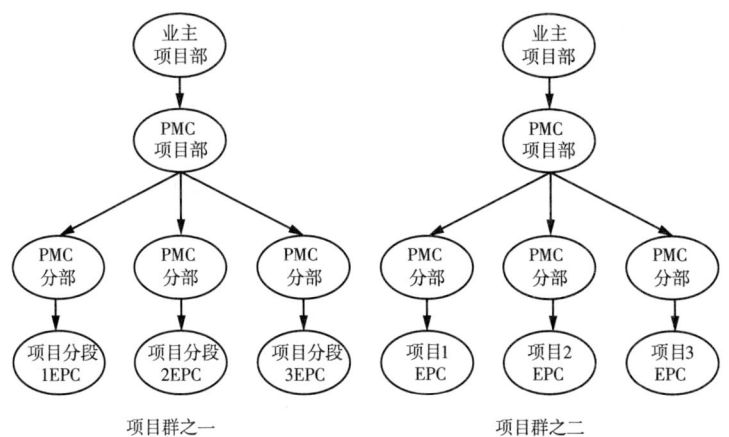

图 4-12 项目群在项目执行阶段的个性内容管理构架

4.3.1 项目群过程管理基本构架

项目群过程管理基本构架如图 4-13 所示。

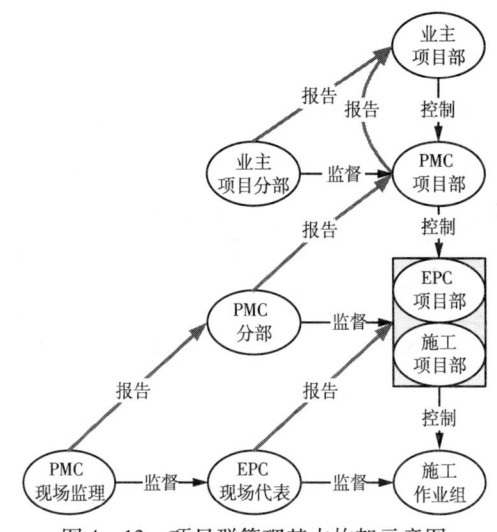

图 4-13 项目群管理基本构架示意图

项目群管理有利于破解目前巨型项目管理实施过程中 EPC 管理跨度过大,控制能力不足,反应敏捷不够,组织结构复杂的难题,有利于实现管理优化配,提升 EPC 执行水平和竞争能力。为发挥 EPC 项目管理优势,对于同一项目分段 EPC,由于试运投产具有系统性,对管理界面进行适当调整,由主体站场 EPC 负责完成投产运行,其他 EPC 配合,对于同一地区多个 EPC 管理,全部工作由一个 EPC 负责完成。从而,实现管理集约化、执行专业化、项目一体化的目标。

4.3.2 管理跨度与效力、效率和效益

例如:超过 1000 千米,跨越两个或两个以上省区的长输管道工程,EPC 一般设置 EPC 项目部和 EPC 分部。现存业主+监理+EPC 管理模式下的节点管理如图 4-14 所示。

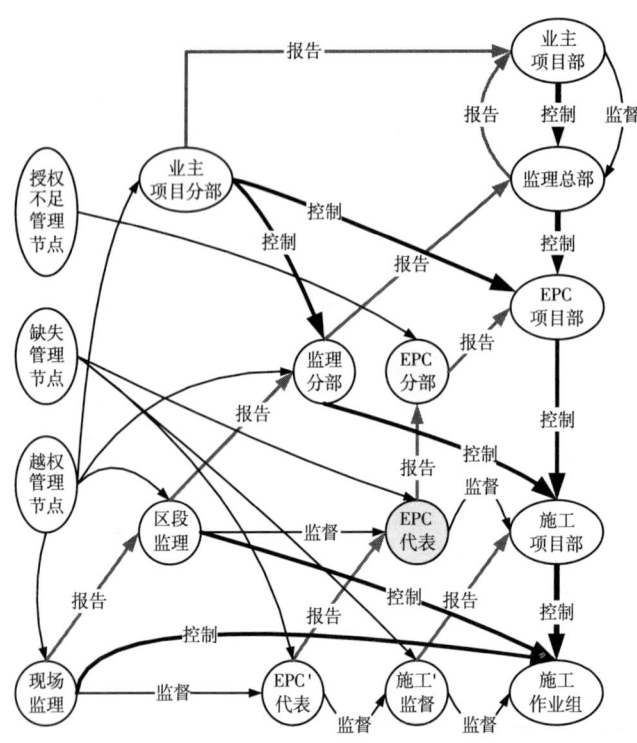

图 4-14 业主+监理+EPC 模式下的节点管理分析图

在实际运行过程中,EPC 项目部为了对施工项目部实施有效控制,同时避免多头管理,往往对 EPC 分部不授予控制权。EPC 分部只是 EPC 项目部的一个协调机构,同时,EPC 现场代表也难于到位,生产管理缺失,往往由监理代为 EPC 项目传送信息,代为管理 EPC 的分包商,形成控制越权,监督缺位的不合理格局,造成 EPC 管理被动。在超过 1000 千米以上,或跨越两个或两个以上的 EPC 管理过程中,EPC 项目部对 EPC 分部的定位往往处于进退两难之中。授权过大,往往会出现越权处置现场不确定事件,授权太小,往往又起不到推进施工承包商的管理作用。

实施项目群管理,有利于缩短 EPC 的管理跨度,有利于把原来的虚拟节点,变为实际执行管理节点,从而简化 EPC 管理结构,避免 EPC 的管理节点缺失,提高 EPC 的执行力。

长输管道工程宜在 500 千米或一个省区设个 EPC,太短难以发挥 EPC 的整体协调优势,太长如超过 1000 千米,跨越两个以上的省区,EPC 管理人员大部分时间会消耗在路途,交通费用巨增,EPC 由于人力资源限制和节省费用,往往会简化机构设置,从而难于达到 EPC 的管理效果。

长输油品管道工程中的大型站场也宜单独设置 EPC,发挥管道建设以野战为特点与站场建设以阵地战为特点的不同优势。

综上所述,业主 + PMC + EPC 群管理是解决目前长输管道工程建设存在问题的突破口,既有利于业主管理,提高业主对 EPC 的平衡能力,也有利于推进 PMC 的发展,更有利于 EPC 解脱当前的困境,推进以总价合同为基础的真正 EPC 模式,把业主和 EPC 从复杂的管理关系和利益关系中解脱出来,简化业主管理,提高 EPC 的自我约束能力。

传统的设计、采办、施工适用于中小型项目的管理,业主 + PMC + EPC 适用于大中型项目的管理,业主 + PMC + EPC 群适用于特大型项目的管理。

4.3.3 项目集成管理

项目集成管理的主要内容:统一工作界面,统一工作流程,统一作业要求,统一信息管理,统一绩效管理,统一培训管理,统一平衡调度,统一风险管理。

统一工作界面:通过编制项目管理手册及相关管理文件,统一各参建单位的衔接界面与管理要求,在组织实施过程,对管理界面进行监督,评审,指导和规范各参建单位管理行为,分清责任,减少争议,避免遗漏,增强约束,提高项目管理的协调效率,为绩效考核建立基础。

统一工作流程:为适应项目群管理需要,明确管理节点之间的衔接,统一工作流程有利于减化与规范项目管理,为绩效考核建立基础。

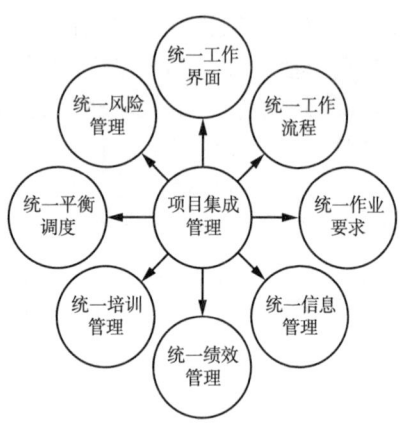

图 4-15 项目集成管理主要内容

统一作业要求:随着项目大型化、复杂化方向的发展,工程项目管理呈现多样化的趋势,PMC 通过编制作业文件,并组织实施,为统一各方行为,理顺各方关系,方便项目管理,同时为绩效考核与培训管理建立基础。

统一信息管理:在项目实施过程中,勘察、设计、采办、物流、施工、监理以及其他服务会产生大量的管理信息,PMC 负责对这些信息进行集中处理,及时为业主和参建各方统一提供项目实施过程中的信息,为业主行驶控制权提供依据,为参建各方作好组织安排提供依据。同时,规避多头信息来源,造成的管理混乱。

统一绩效管理:项目群涉及单位多,PMC 建立统一的绩效考核管理模式,有利于发挥各级管理效率,有利于增强合同的及时履约效率。通过定期发布绩效考核报告,强化约束管理机制,激励参建单位的竞争意识和约束意识,增强各单位管理独立性,减少不利的关联性影响。

统一培训管理:为贯彻执行程序化、标准化的管理理念,PMC通过统一培训管理,在全体参建人员之间,建立共同的管理规则,从而方便工作管理。

统一平衡调度:通过平衡调度,优化项目群内的资源配置,节约资源,优化管理,提升竞争能力。

统一风险管理:PMC建立统一的风险事件管理模式和风险事件数据库,从项目一开始记录、分析、整理和评价项目实施过程中出现的风险事件(主要是管理、设计、采办、物流、施工、监理等方面的不符合项)。PMC定期提出预警报,提高各参建单位对风险事件的关注力度,从源头控制风险,避免重大风险事件出现。

第5章

风险管理基本原理

5.1 现代工程管理的风险性

5.1.1 现代工程管理风险的客观性

项目管理人员不是通过直接操作施工机具、直接调动施工机具、直接调动操作施工机具的人员、直接搬运工程物资等方式来开展工作,而是通过制定实施方案、组织方案交底、开展技术培训、施行作业许可、进行过程监督、完成成果确认、实施绩效考核等间接方式开展工作。风险既来自于管理者自身,即对被管理对象的认识不完整性,采取的措施与被管理对象存在差异,例如,在多目标的管理过程中,对目标的排序与取舍不当,对目标的理解与应用不当,在采取措施时只看到有利的一面,没有认识到不利的一面,对管理规律的认识与使用不当;又来自于被管理对象,即自身的能力与管理的需求之间的差异,例如,被管理对象完成某项活动未达到的最底要求。人的不全面,物的不完整,决定了风险的客观性(图5-1)。

5.1.2 现代工程风险影响的扩展性

随着工程项目规模越来越大,技术与管理越来越复杂,一般来说,项目管理前期是对工程管理的整体策划与设计,影响工程的整体实施,工程设计是对工程技术的策划与设计,影响工程的技术水

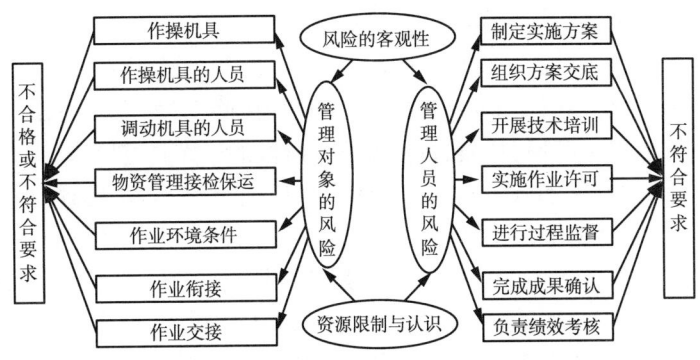

图 5-1 现代工程管理风险的客观性

平。项目管理策划与设计和工程技术策划与设计,投入的费用小,对工程实施影响大。在项目实施过程中,由于对项目管理与工程设计风险认识的局限性,在此阶段未识别出的风险,可能会在后一阶段表现出来,随着工程的进展,越向后延伸,造成的损失越严重。因此,重视项目管理与工程设计阶段的管理,有助于削减工程风险,避免风险的扩展(图 5-2)。目前,对项目管理与风险的扩展性,还没有引起足够的重视,例如,对项目管理规律缺乏认识,对项目管理策划与设计重视不够,造成实施过程中管理界面不清,管理责任不明,管理程序不畅,引起参与各方管理效率底下,责任不到位,为解决前期未完成的策划与设计工作,只有采取频繁的会议、频繁的通知、频繁的检查,频繁的督促等措施。这些措施在一定程度上能够缓解项目管理存在的潜在问题,但难于从根本上解决项目管理存在的基本问题。

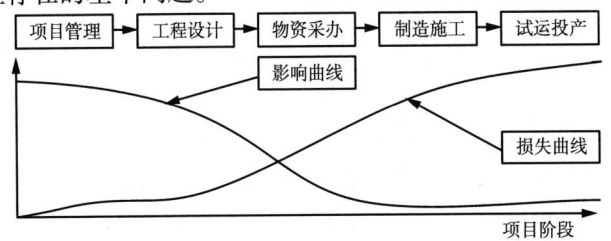

图 5-2 项目阶段与影响和损失关系意示图

5.1.3 现代工程风险影响的关联性

工程管理的多阶段性,往往是将上一阶段的输出成果,作为下一阶段的输入条件,上一阶段输出成果的风险,必然会作为输入条件引入到下一阶段,从而,也使得下一阶段的工作具有风险。

例如,有 A、B、C、D 四个利益关系人,如果 B 与 D 利益均来自于 A,B 是 D 的输入,尽管 B 与 D 具有独立性,一旦管理不当,D 可以通过风险放大器,从 A 方获得更多的利益,使得 A 有更大的损失。如图 5-3 所示,由于 A 方减少对 B 方的投入,使得 B 方的风险,通过风险放大器表现出来,D 方产生了风险收益,A 方的风险是由 B 方与 D 方风险关联性引起的。

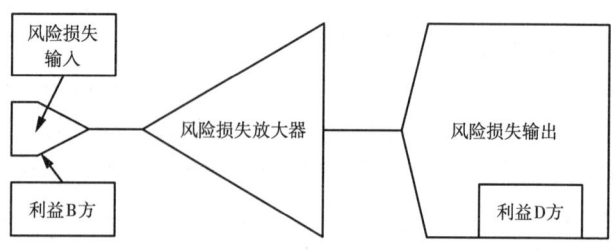

A风险损失=D风险收益(风险损失输出)—B风险投入(风险损失输入)

图 5-3 风险关联性意示图

A 方为了有效削减自身管理风险,引入 C 方对 B 方与 D 方进行管理。A 方给予 C 方一定的风险利益,实行收益总承包干制度,C 成为 B 方与 D 方的风险控制器,减弱了 B 方与 D 方之间的关联性影响,从而有效地管理工程风险。

以长输管道工程水工保护与水土保护管理为例,长输管道工程在初步设计阶段的工程量往往是以经验预估值。实施过程中,可能与初步设计存在较大的差异,如不采取适当的管理措施,承包商可能会加大水工保护或水土保护工程量来获取利益,造成对业主的不利影响。如果以初步设计为基础,总量包干,区间单价,据实结算,超过投标总量部分,由 EPC 自行承担,就能够加强 EPC 对水工保护设计与施工的管理,节约工程投资。为增强 EPC 的风险意识和约束意识,施工完毕后,造成的水毁工程,一律由 EPC 承担一切返工费用(包括二次进场协调与用地费用)。属于保险范围的事项,由 EPC 向保险公司索赔,工程移交完毕后,应承担一个水毁期或风蚀期的保驾工作,EPC 应预留一定工程量,以供此期间增加水工保护用。水工保护按首次设计与施工计量,后续区间水毁增加的工程量或者更改的工程量不予计量,目的是提高 EPC 加强对设计管理,防止设计失误或者施工质量问题而增加工程量。现场工程量以图纸为基准,超过设计图纸数量,按设计图纸计量,低于设计图纸数量,按现场实际数量计量。通过以上措施,可以削减关联性的影响,调动各方参与风险管理的积极性(图 5-4)。

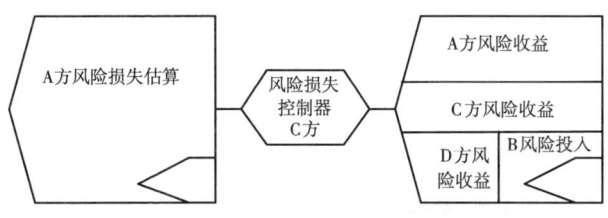

图 5-4 削减风险关联性影响意示图

5.1.4 现代工程风险管理的基本构成

现代工程的管理工作范围主要来自于确定性的工作区域和不确定的工作区域,如图 5-5 所示。确定性的工作区域主要由已识别的工作区和已识别不符合项并纳入风险计划区构成;不确定性的工作区域主要由工作失误区,未识别的工作区,已识别不符合项未纳入风险计划区和未识别的不符合项区构成。

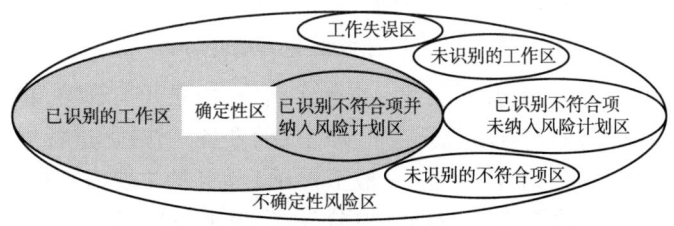

图 5-5 项目管理范围(确定性区域+不确定性性风险区域)

从图 5-5 可以看出,事先可以确定的工作,主要包括已识别的工作和已识别不符合项并纳入风险控制计划的工作。项目实施过程中的新增工作主要来源于不确定性的工作,不确定性带来的新增工作是一个动态过程,风险管理也必然是一个动态的变化过程。减少不确定性区域,就是节约资源,就是提高效益,就意味着减少风险带来的损失。

5.2 已识别的不符合项管理

对已识别出的风险事件主要管理措施:一是建立项目不符合项管理手册,构筑已识别不符合项管理基础;二是实施开工审计,从开工启动,加强风险管理,确保开局良好;三是班前不符合项清单项确认,事前管理风险,四是实施作业许可,有效防范风险。

5.2.1 不符合项清单化与法治化管理

"落红不是无情物,化作春泥更护花"。在工程项目策划与设计阶段,根据以往积累的不符合项,编制不符合项清单,并制定针对清单项目的管理措施,形成不符合项管理手册,从源头上预防已识别不符合项的再次出现。

在项目实施过程中,以宣传培训与治理并举,根据设定的程序,动态跟踪不符合项清单项目的记录、处理与信息发布工作。根据发生的频次与频率,开展动态交流活动,把不符合项清单项目纳入日常管理工作,促进各方认清责任,促进各方履行责任。从而强化各方对不符合项的动态管理,削减不符合项影响,有效防止事故发生。不符合项清单化与法治化有助于提升不符合项管理的效率。

5.2.2 实施开工审计,有效防范风险

为确保开工前各项准备工作落实到位,加强开工管理,建立开工审计制度,明确各单位开工前应完成的准备工作,促进各方认清和履行开工前的准备责任。一般工程开工审计的主要内容有:设计及技术交底,物资准备与进场检验,风险识别与培训,方案审批与体系建立,管理目标与管理衔接或交接点确认,管理交底与衔接,

场地管理与衔接,现场准备等。通过开工审计,梳理各环节存在的不符合项,从而达到事前规避风险的目的。

5.2.3 不符合项清单项目班前确认管理

根据以往工程管理经验和本工程出现的不符合项,编制不符合项确认清单,在班前对作业条件进行确认,符合要求后允许作业,对检查出的不符合项,提出处置意见,并采取相应措施。从而事前控制风险,强化管理约束,简化班前管理,改变了以往工程只打雷不下雨的被动管理局面。做到事事有记录,步步有确认,规范管理行为。

为提高事前不符合项确认效果,把实施过程中已发现的不符合项收集整理,及时更新不符合项确认清单,把事故源头与事故预防有机结合,使不符合项管理始终贴近现场,贴近实际,增强不符合项管理的针对性,提高不符合项管理的执行力。不符合项开工前的确认制度简明、规范、可操作性强,增强各承包商操作人员的自我约束意识,管理人员的责任意识。

5.2.4 已识别的危险作业许可管理

为确保危险作业安全,实施危险作业许可制度,有效防范安全风险,常见的主要危险作业有:高空作业,吊装作业,有限空间作业,交叉作业,射线作业,带电作业,用电作业,临边作业,爆破作业,吹扫与试压作业,以及其他危险作业。

5.3 已识别风险应急管理

对已识别风险的应急管理主要包括应急预案的编制与审批,应急物资的准备与设置,应急演练,应急反应和应急审计等五个方面。

5.3.1 应急预案编制

有些风险事件虽然已经被识别出来,但是,由于此类风险发生的概率低,影响强度大,造成的后果严重。为降低此类风险的影响,必须编制应急预案,明确一旦风险事件发生,应采取的对策,以提高风险应对反应能力。

5.3.2 应急物资准备与设置

根据应急预案和风险事件可能发生的时机,储备必要的风险应对物资,积极应对风险事件。例如,在汛期,当存在汛情风险时,应储备防汛物资。

5.3.3 应急演练

根据应急预案和风险事件可能发生的时机,组织开展应急演练,提升风险事件的应对能力和反应速度,争取时机。例如,消防演练、防台风演练、应急救援演练等。

5.3.4 应急反应

当应急事件发生时,根据应急预案采取的措施。例如,防台风应急反应,就是根据气象特点,在台风期,应按规定启动应急预案,专门收集气象数据,作好风险应对措施。

5.3.5 应急审计

根据项目进展情况,定期或不定期组织应急审计工作,确保应急预案满足应急要求或及时更新。应急物资准备到位,应急演练落到实处,应急反应及时有效。

5.4 不符合项过程管理原则

不符合项过程动态管理是工程项目风险管理的重要管理措施,是保证项目管理体系健康运行的重要手段,不符合项管理体系的设置应符合项目管理策划与设计的基本原则,在不符合项过程管理应遵循本位管理、主体责任管理、系统化管理、明示管理和反馈管理五项基本原则(图5-6)。

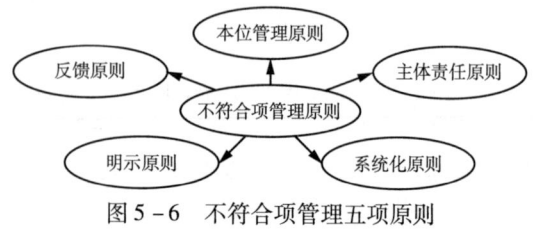

图5-6 不符合项管理五项原则

5.4.1 本位管理原则

根据韩非子的本位管理观念，即：在一个项目管理体系中，不同的组织或个人，应根据赋予的职责履行责任，避免越位或缺位。例如，有 A、B、C 三个组织组成了一个项目管理体系，A 组织授权 B 组织，根据 A 组织对 C 组织的授权，对 C 组织实施过程监督，成果确认，即：

A = {控制(B,C)}
B = {监督(C),确认(C),控制(内部),考核(C)}
C = {计划,执行,控制(内部),监督(内部),报审(B)……}

A 组织可以对 B、C 组织实施控制权，B 组织对 C 组织有监督权，但没有控制权。在项目实施过程中，B 组织只能按管理要求，对 C 组织履行监督责任，不应代替 A 组织对 C 组织实施控制权。同样，B 组织没有执行权，不应代替 C 组织，实施执行权。本位管理明确不同角色的人员在项目中的不同责任，保证组织在项目实施过程中的独立性和避免不利的协同效应生产，从而达到分清责任，理顺界面的目的（图 5-7a）。在管理实施过程中，本位管理原则要求，不应越权承揽责任。其目的是，在复杂的项目管理环境中，越权承揽责任，会造成未履行责任的一方把责任转移给没有义务履行责任的一方，培育应该履行责任的一方不负责任，最终导致管理混乱。

例如，C 组织中的监督(内部)，应向 C 组织中的控制(内部)报告，如果 B 组织中的监督(C)向 C 组织中的控制(内部)报告，而不向 A 组织的控制(B,C)报告，A 组织就失去了对 C 组织的控制信息，C 组织就会削减监督(内部)，把监督责任转移给 B 组织，从而导致 C 组织不负责任。而 B 组织超越管理权限，代替 C 组织承担责任，从而出现管理风险（图 5-7b）。强调本位管理，实际上是强调责任，削减风险。

5.4.2 主体责任管理原则

主体责任管理原则就是一项活动的具体责任人，承担不符合项的责任，从而明确责任的承担者，防止责任转移造成的管理混

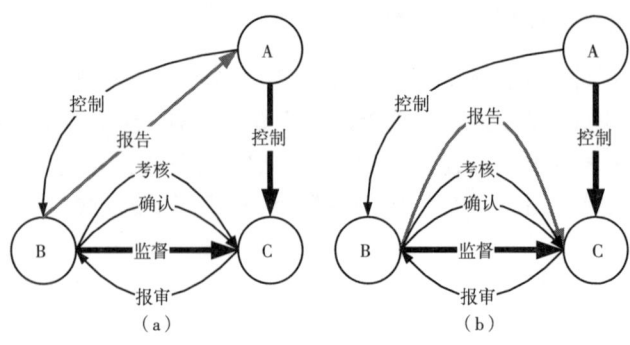

图 5-7 本位管理

乱。例如,A = {控制(B,C)},B = {监督(C),确认(C),控制(内部),考核(C)},C = {控制(内部),监督(内部)},A、B、C 三个组织均含有控制要素,但其管理范围各不相同。A = {控制(B,C)} 是强调 A 对 B、C 的管理,B 中的控制(内部)和 C 中的控制(内部)是强调各自的内部管理,如果 A 采取了措施,B 或 C 没有达到要求,那么未达到要求的责任在 B 或 C,责任应由 B 或 C 承担。再如,B、C 两个组织均具有监督要素,但其含义却不同。B 中的监督(C)是强调对 C 的管理,C 中的监督(内部)是强调 C 对内部的管理,C 中的监督(内部)是对 C 中的控制(内部)负责,B 中的监督(C)是对 A 中的控制(C)负责。如果 B 实施了监督(C)的职责,C 未达到要求,那么,未达到要求的责任在 C,责任应由 C 承担;如果 B 未实施监督(C)的职责,C 未达到要求,那么,未达到要求的责任在 C,责任应由 C 承担,同时,B 应承担未履行监督(C)的责任。

为确保主体责任管理原则的施行,根据破窗管理理论,对不符合的管理强调从细微之处抓起,从主体责任人可承担的范围之内抓起,创造良好的工作环境,防止不符合项的扩展和事故的扩大。主体责任管理原则既有利于主体责任人认清责任,又强化了各级管理层的不同责任,避免复杂的管理体系中,责任转移而造成管理风险。

5.4.3 系统化原则

在复杂的管理体系中,不同级别的管理,赋予了不同的职责,对不符合项的管理,采取系统化的方式,才能提高不符合项管理的效果。根据"瑞士奶酪模型"管理方法,采取系统化的管理方法,有助于避免贯穿性的缺陷,也就是防止不符合项穿透各级管理层,最终避免事故发生(图5-8)。

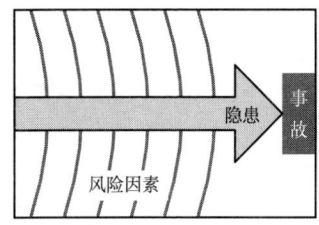 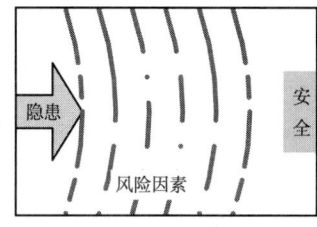

图5-8 "瑞士奶酪模型"管理方法

不符合项系统化管理的基本原则是:监督层"逢错必报",控制层"有错必纠",执行层"知错必改"。这是一个有机的管理过程,只有按照规律办事,才能真正降低不符合的影响,仅有其中一个方面,或者不按程序运行,都不可能把不符合项管理到一个可以接受的水平上。只有三方责任人互动,才能使不符合项管理真正落到实处,缺少任何一方,不符合项管理只能纸上谈兵。

例如,有两个组织,监督者与控制者A为一方组织,控制者B与执行者为另一方组织。如图5-9所示:按图(a)的不符合管理程序,不符合项才能得到有效的管理,即不符合项从监督者到控制者A,到控制者B,到执行者;图(b)不符合项,从监督者到控制者A,到执行者,越过了控制者B,不符合项难以得到有效的管理;图(c)不符合项,从监督者到控制者A,到控制者B,未到达执行者,不符合项难以得到有效的管理;图(d)不符合项,从监督者到控制者B,越过了控制者A,当控制者B不作为时,不符合项难以得到有效的管理;图(e)不符合项,从监督者到控制者A,到执行者,越过了控制者B,不符合项难以得到有效的管理;图(f)不符合项,从监督者到控制者B,到执行者,越过了控制者A,当控制者B不作为时,不符合项难以得到有效的管理。

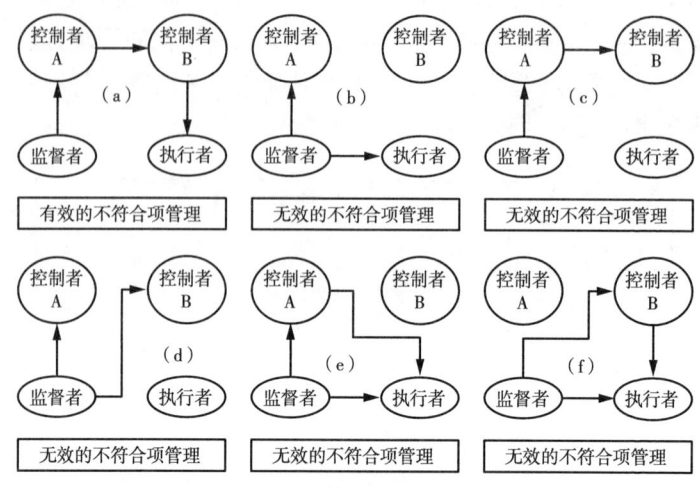

图 5-9 不符合项系统化管理

只有采取系统化的管理原则,实施不符合项管理,才能使不符合项管理有效运行,并防止事故的发生。

5.4.4 明示管理原则

质量管理宗师菲利普·克劳士比(Philip B. Crosby)的质量管理成熟度理论,强调领导对不符合项的重视、全员参与和交流是解决不符合项的有效途径,明确指出管理层的要务就是创造使不符合项预防成为可能性的工作态度和管理方法,防止问题再次发生。根据菲利普·克劳士比的项目管理成熟度模型,对不符合项的交流有助于提高对不符合的认识,有助于把一个人的教训,转换为所有人的经验,防止不符合项再次发生。

图5-10 表明,不符合项管理越成熟,不符合项交流越重视,不符合项报告越接近现场实际发生数量,对不符合项的明示越重视,风险越处于可接受的水平。

根据明示管理原则,为了扩大现场操作人员对不符合及其处理状况的关注力度,承包商在现场设置了不符合项公示栏,以增加员工的自我约束意识,促进安全生产、文明生产。

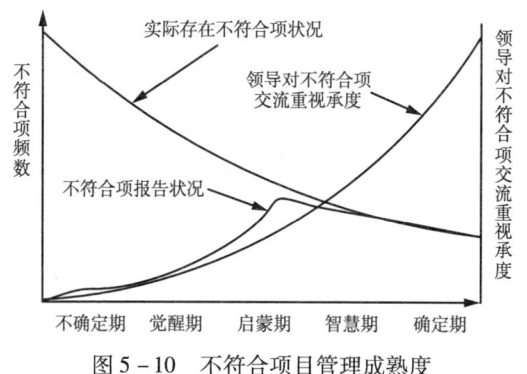

图 5-10　不符合项目管理成熟度

5.4.5　反馈管理原则

在复杂的项目管理过程中,由于管理的分工,出现了控制权、执行权与监督权的分离,为提高管理效果,监督权人对不符合项采取的措施是逢错必报,控制权人对不符合项采取的措施是有错必纠,执行权人对不符合项采取的措施是知错必改,从而,促进各方认清责任,促进各方履行责任。

例如,由A、B、C、D、E、F六个组织组成一个项目管理体系中,A组织授权B组织监督,授权C组织控制,B组织授权D组织监督,C组织授权E组织监督,授权F组织执行,在项目实施过程中,D组织发现F组织存在一个不符合项,D组织通知E组织并报告B组织,B组织通知C组织并报告A组织,C组织向F组织发出整改指令,并通知E组织,F组织整改完成后,请求E组织确认,E组织确认符合要求后,请求D组织确认并报告C组织,D组织确认符合要求后,报告B组织,B组织根据不符合反馈情况,关闭不符合项,并予以公布,从而使不符合项管理形成一个完整的闭合链(图5-11)。

不符合项过程管理的五项基本原则,把不符合项管理形成一个有机的整体,提升了不符合项管理效果,把风险管理具体化、实用化,解决了长期针对低、老、坏现象缺乏理论支持,缺乏适用管理技术的难题。

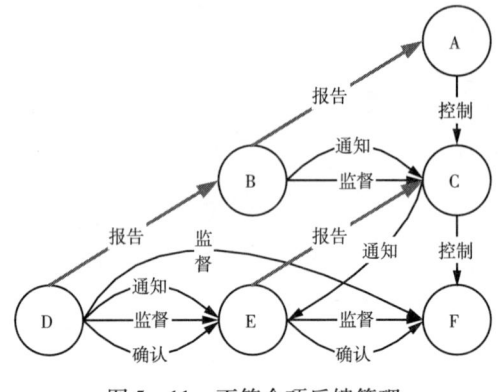

图 5-11 不符合项反馈管理

实践证明,不符合项过程管理五项基本原则的实施,有利于提高各级参建单位的管理水平,促进管理和谐。

5.5 不符合项数据统计与分析

大量的不符合项案例,为统计分析、风险识别与经验分享提供了强有力的支持。工程风险预控不再停留在讲标准、讲规范的传统管理套路上,而是把标准、规范与实际案例相结合,既有违规事例,又有整改措施,图文并茂,为低、老、坏现象赋予了具体内容,使得低、老、坏现象变得可识别、可预防,规范管理成为可能(图5-12)。

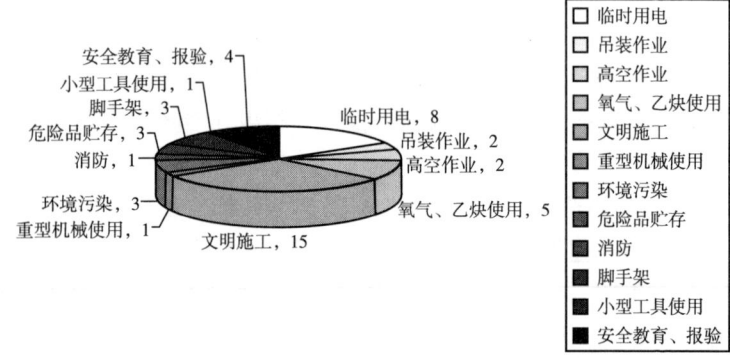

图 5-12 不符合项统计与分析

5.6　交流培训与风险防范

风险源于人的认识与客观现实的差异,交流培训有助于促进管理者认清被管理对象,缩短管理者与被管理对象之间的差距,促进管理者与被管理者彼此约束,积极防范管理者与被管理对象之间的风险。这是有效和积极的风险管理方式,也是工程项目风险管理的重要方法。

5.6.1　标准化与模板化,构建交流培训基础

标准化与模板化是实现对管理内容的简化,这种简化措施有利于传授知识与经验,扩大人力资源的范围,有利于降低人力资源成本、监督成本和事故成本,有利于提高参与人员的满意度和积极性,有利于增加参与人员的荣誉感和自豪感。项目管理人员应把标准化与模板化作为工作的一项重要的管理内容,为交流培训构建基础,提升项目风险管理能力。

5.6.2　交流培训,积极防范风险

通过交流培训,开展经验分享活动,促进不符合项风险管理意识的普遍提高。让各方认清责任、履行责任,让业主理解不符合项的危害性,提升各方主体责任意识和自我约束意识,从而积极防范风险。

5.7　绩效考核与风险削减

工程项目管理是在一定限制条件下的管理,随着工程项目大型化的发展,限制因素也必然随之增加。项目实施过程,也是参与各方不断成长、不断进步的过程,实施绩效考核,有助于促进各方认识差距,创造条件,提升能力,改进管理,削减风险。

根据项目实施过程中的关键要素,设置绩效考核点,在实施过程中收集考核数据,并评价与管理的符合程度,促进各方认清责任,积极履行责任,改进不符合项,从而提升管理水平。

第 6 章

工程管理信息化

6.1 工程管理信息化概述

现代工程管理的网络结构,为工程网络信息化管理提供了发展机遇。现代工程管理就是互联网信息化流水线式的管理,信息系统包括:信息收发,信息储存,信息查询,数据自动统计,数据在线分析,信息展示,项目宣传报道,远程监督管理等功能(图6-1)。

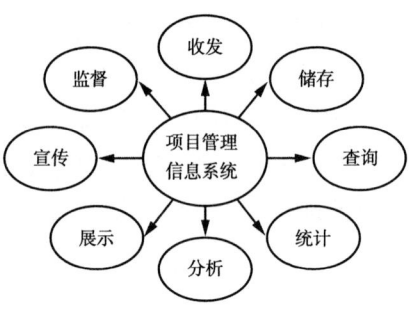

图 6-1 项目管理信息系统的作用

信息系统在项目管理中的作用主要体现在:统一工作程序,规范作业要求;实现信息共享,构建集成体系;开展远程管理,提高实施效果;展示精神风貌,促进管理和谐。

在现代工程管理过程中,各管理节点通过信息化手段建立彼此联系,从而实现系统化、网络化、节点化管理。没有互联网信息化,管理节点之间就难于实现有机的衔接,就没有管理效率,也没有现代工程管理。图6-2为业主、PMC、EPC及各所属单位管理节点与衔接关系示意图。

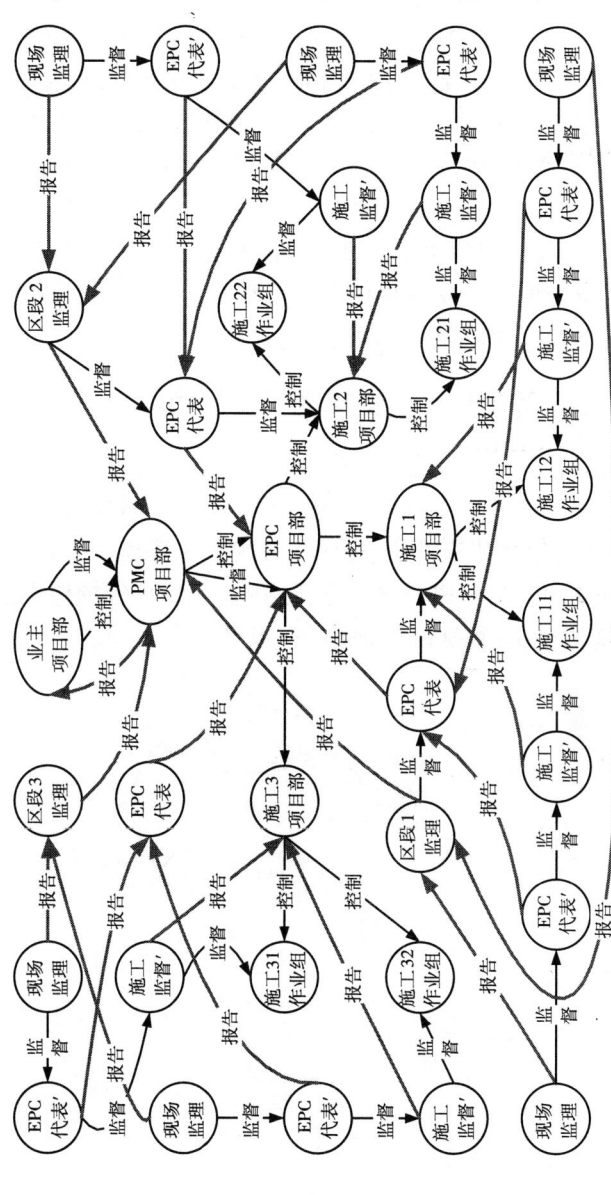

图6-2 网络化、节点化的项目管理体系（业主对PMC、PMC对EPC、EPC对分包商的控制与监督）

现代大型工程管理不再是业主、监理、承包商之间简单的三角关系,而是由参与单位或机构组成的网络化管理体系。该管理体系如果按照传统的时空关系运行,必然效率极其低下,信息阻塞,管理混乱。现代大型工程管理只有凭借互联网信息系统才能得以顺利进行,未来的项目管理谁掌握项目管理信息系统的开发权,谁就掌握了项目管理发展的主动权。因此,关注业主 + PMC + EPC 模式的发展,必须高度关注互联网信息管理系统的开发和应用,以互联网信息化管理系统支撑现代大型工程复杂项目管理,以现代大型工程复杂项目管理促进互联网信息化管理系统的应用。

6.2 工程管理信息化支撑现代工程管理体系

工程管理信息系统把复杂项目的各管理节点联系在一起,通过互联网传递信息,解决人工信息传递的时间与空间限制,使授权管理更加明晰,促进了标准化、程序化和规范化管理。例如:由业主项目部、PMC项目部、EPC项目部、现场监理、EPC现场代表和施工承包商构成的一个项目管理体系,设计运行体系如图 6-3 所示。

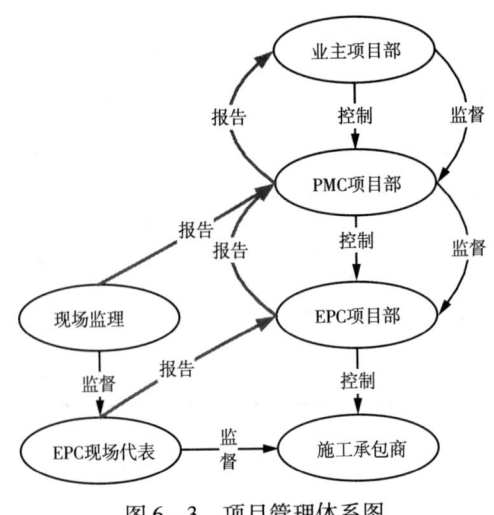

图 6-3 项目管理体系图

但在实际运行过程中,当 PMC 项目部严格按照规定的管理程序与作业要求管理时,EPC 项目部倾向业主项目部的直接管理,在业主项目部、PMC 项目部与 EPC 项目部三方的管理博弈,如果缺乏项目管理信息系统固化管理程序的支持,管理体系在运行过程中,往往调整为图 6-4 所示的管理体系,形成业主授权与实际运行的管理矛盾。

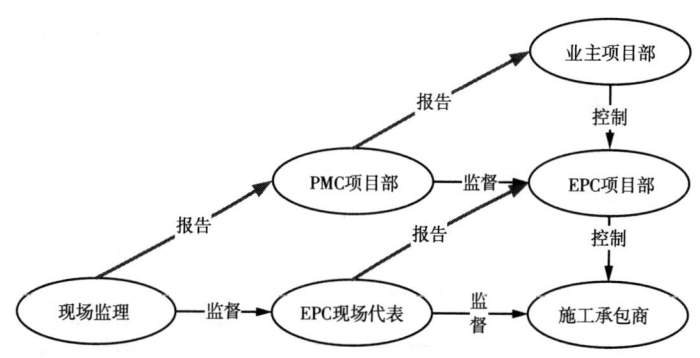

图 6-4　实际运行过程中的项目管理体系运行图

工程项目管理信息化,在推动项目管理体系的运行过程中发挥着重要的作用,以不符合项为例(图 6-5)。现场监理在巡视监督过程中,发现施工承包商有一项不符合项,现场监理通知 EPC 现场代表,并上网报告 PMC 项目部,PMC 项目部确认后予以发布。此时,业主项目部、PMC 项目部、EPC 项目部、现场监理、EPC 现场代表和施工承包商均可以看到不符合项信息,并随时可以看到不符合项处理动态,从而提高对不符合项的关注力度。EPC 项目部签收不符合项通知后,指令施工承包商整改,施工承包商整改后,网上发布整改报告。EPC 现场代表进行现场确认,符合要求后,通知现场监理确认,并从网上发布确认信息。现场监理确认后,网上发布确认信息。PMC 项目部根据网上不符合项及其整改情况,进行不符合项统计分析,定期组织交流会议,进一步提升对不符合项和项目过程管理的认识,根据收录的不符合项完善风险识别手册,及时总结经验,传递知识,信息管理系统支撑了以上管理过程的顺利进行。

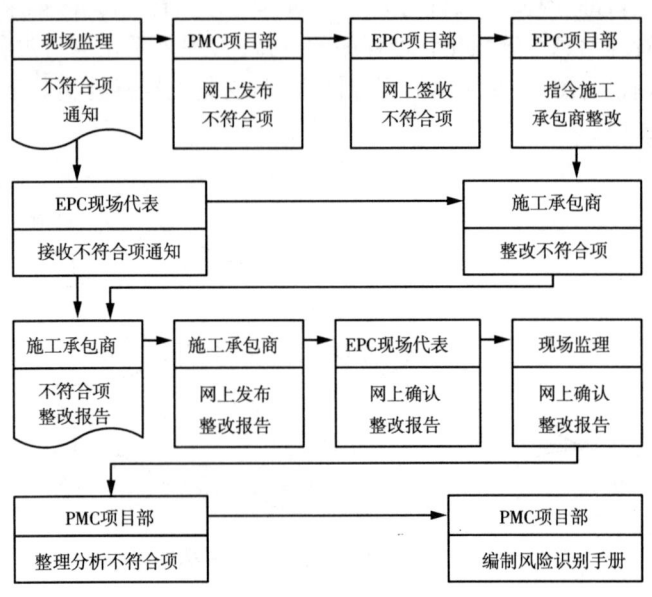

图6-5　不符合项管理信息流程图

如果没有信息管理系统的支持,在业主项目部、PMC项目部、EPC项目部、现场监理、EPC现场代表和施工承包商构成的复杂项目管理体系中,不符合项管理难以顺利进行。首先,现场监理在巡视监督过程中,发现施工承包商有一项不符合项,现场监理通知EPC现场代表,而难以报告PMC项目部,使得现场监理难以及时得到PMC项目部的支持。由于缺少PMC的支持,通知EPC现场代表,还不如通知施工承包商更为快捷,施工承包商有了现场监理的管理,往往会借助现场监理的管理,弱化自身管理来降低管理成本,从而出现由于有了现场监理的管理,不但没有促进施工承包商加强管理,反而弱化施工承包商管理的怪圈。EPC现场代表也往往形同虚设或者不设,PMC项目部和EPC项目部也很难获得现场管理不利的信息。由于事故未从源头预防,PMC 项目部和 EPC 项目部往往成了救火队,项目越复杂,管理者越头痛。施工承包商由于没有认清责任而承担事故成本,管理者由于疏于管理而承担事故责任。

传统管理方式向复杂项目管理方式转变,信息化管理系统的支持是关键。由于信息化管理系统的支持,对以上不符合项如此复杂的管理可以按照权限,更为有效地执行。通过信息化管理的实践,提高风险管理的透明度,有利于风险事件整改过程的监督管理,有利于适应复杂项目管理的需要,有利于经验与教训知识的共享,有利于风险事件的警示作用,有利于监督与控制权的实施,提升业主、PMC、EPC 管理层的管理能力,有利于绩效考核工作的实施,有利于不符合项风险识别的积累,不断完善风险识别手册,进一步促进风险识别的交流,提升业主、PMC 和 EPC 的管理能力和项目管理水平。

6.3 信息化推进管理节点的独立性

传统的项目管理过程,信息主要是通过人工流转和以书面形式保存,由于信息流转和信息本身缺乏有效的监督手段,随着管理体系的复杂程度增加,信息传递链条会越来越长,这往往会造成信息在传递过程中丢失、阻塞或者由于信息本身不符合要求,难以得到及时处理。相关单位为了削减自身管理缺陷,形成不利的管理协同,从而,产生不利的关联交易,破坏了组织的独立性,使得设计的管理体系难以发挥应有的作用。

信息化促进管理透明化,监督工作远程化,工作节点独立化。例如,某长输管道工程,由业主项目部、PMC 项目部、EPC 项目部、现场监理、EPC 现场代表、施工承包商和无损检测承包商组成的一个项目管理体系(图 6-6)。无损检测是长输管道工程建设的一个重要管理环节,信息及时发布是确保无损检测工作独立的重要措施。

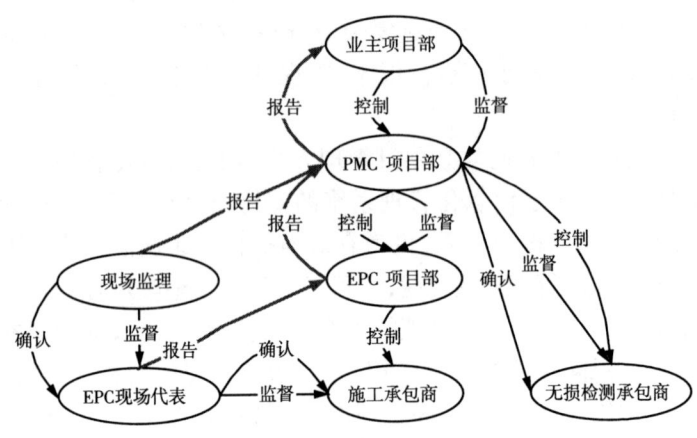

图 6-6 项目管理体系图

无损检测管理的信息流如图 6-7 所示。

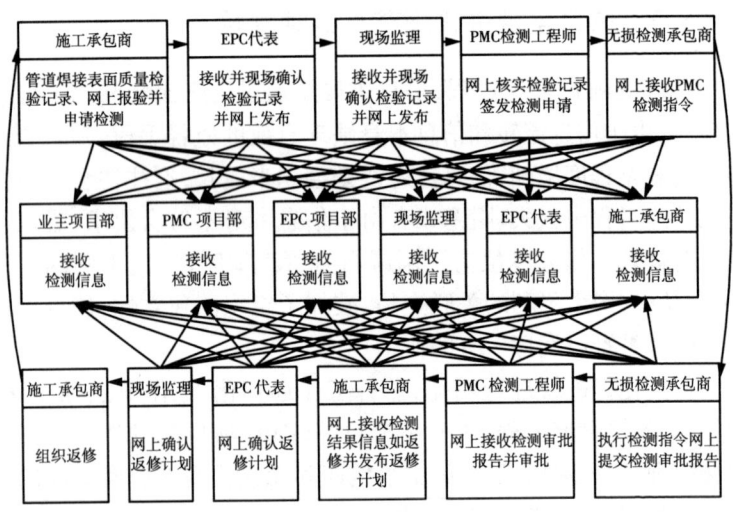

图 6-7 无损检测管理信息流

施工承包商质量检查人员对焊缝表面质量检查合格,再由EPC现场代表和现场经监理人员确认后,上网提出无损检测申请。PMC项目部无损检测工程师网上复核焊缝表面质量检验记录和现场监理人员确认记录后,予以审批。无损检测承包商从网上下载资料,并按要求进行检测。

无损检测承包商开展现场检测工作时,一般线路应记录现场全景和重点工作照片,连头口应记录底片安装和检测过程的工作照片,并及时上网发布。现场监理人员应对无损检测承包商上传的照片进行确认,以提高现场检测工作信息的透明度。

无损检测承包商完成评定工作后,上网发布无损检测报告审报。PMC项目部无损检测工程师在网上复核检测单位申报的无损检测报告、焊缝返修标记单和缺陷部位检测记录或底片照片。PMC项目部无损检测工程师并按规定比例对无损检测记录或底片进行复评。施工承包单位从网上下载无损检测报告、焊缝返修标记单和缺陷部位检测记录或底片照片,并按要求进行返修。返修完成后,按上述程序进行处理。

无损检测承包商根据无损检测报告缺陷统计,提出无损检测分析报告,以提高对无损检测结果的重视和对当前质量问题的关注,有利于持续改进焊接及焊接管理水平。网上公开分析报告,既是对无损检测承包商水平的检验,也是对施工承包商焊接管理水平提高提出指导性意见。

信息管理系统公开了施工承包商、PMC、无损检测承包商的有关无损检测过程管理动态信息,随时供各级管理机关监督检查,也提高了各方对无损检测信息的关注水平和沟通管理力度,以及各管理节点自我约束意识。对增强各自工作的独立性和责任意识,为各级管理层获取信息提供方便。同时简化各级管理层的工作量,提高管理机构的工作效率。

6.4 信息化提高复杂项目管理的适应性

过程管理信息透明化,是增进各方互信,缩减管理流程,分清管理责任的有效方法。在传统管理模式下,由于信息发布不及时,管理信息不对称,为适应管理需求,往往难于一次充分授权,在项目实施过程中,只有业主完成一定工作量,承包商的合同才能充分履行。在不完整的承包合同条件下,业主并未因为合同签订而转移全部责任风险,造成业主与承包商共同责任风险,一旦业主定位不当,极不利于承包商自主管理,还分担了承包商的责任,易于出现业主与承包商之间的管理博弈,造成管理困难。信息化有助于改进工作授权,提升承包商的责任意识和自我约束意识,提高管理水平与效果。

例如,某长输管道工程,由业主项目部、PMC项目部、EPC项目部、现场监理、EPC现场代表、施工承包商和无损检测承包商组成的一个项目管理体系,选择适当的组合方式并辅以信息化管理系统的支持,既可以达到业主希望的效果,又可以避免业主与承包商的共同责任。

长输管道工程无损检测有两种模式,是选择图6-6所示模式还是选择图6-8所示模式,至今没有定论。如果选择图6-6模式是为了避免施工承包商与无损检测承包商出现不利的协同效应,但是PMC项目部承担了无损检测承包商的风险,为此必须加强无损检测过程管理,无损检测一次合格率作为长输管道工程的一个重要质量指标,EPC项目部反而不参与管理;如果选择图6-8模式是为了一次分清业主、PMC项目部与EPC项目部的责任,但是在缺乏信息管理系统支持下,若EPC转移责任,必然造成无损检测工作困难,若无损检测承包商失去了独立性,就可能给工程质量带来隐患。

在信息化管理条件下,图6-8模式比图6-6模式更具优势。长输管道工程无损检测承担了两项职责:一是质量检测,即判定质量是否合格的一种方法;二是质量管理,即一次合格率反映过程质量管理水平一个项重要指标。因此,检测工作的独立性是判别管理模式是否合理的关键因素。图6-8模式在信息化条件下,管理过程如如图6-9所示。

与图6-6模式相比,检测承包商除了具备独立性之外,EPC项目部参与了无损检测过程管理,PMC项目部对无损检测工作的管理由控制变为监督,既发挥了EPC项目部的作用,又规避了业主与PMC项目部的责任,因此,信息化提高了复杂项目管理的适应性。

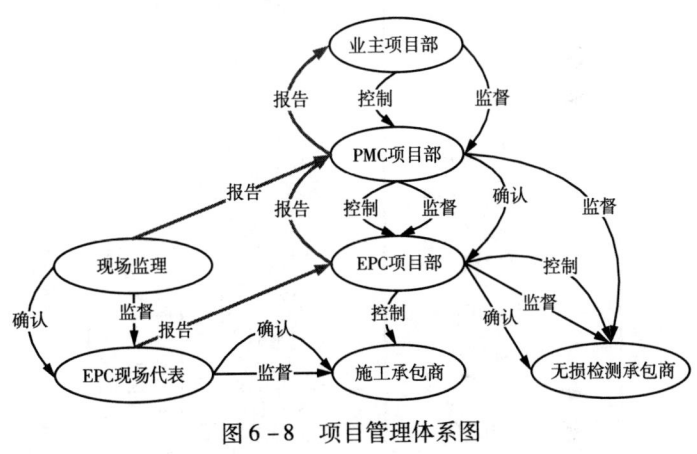

图6-8 项目管理体系图

6.5 工程管理信息化基本构架

6.5.1 以业务流程为基础,构建工程管理信息系统

信息化服务于工程管理主要体现在利用互联网连接管理业务流程上,实现业务流程化,过程信息化。例如,设计变更管理,由设计、采办、施工承包商和业主的地域差异,传统设计变更管理方式,难于适应大型项目管理的需要,为应对现场变更情况,往往采取简化的方法处理。该方法易于造成超越管理权限处置变更问题,相关单位利益使得变更信息阻塞,给相关工作和后续工作带来诸多不便。如果把设计变更进行业务流程分析,系统划分各管理节点

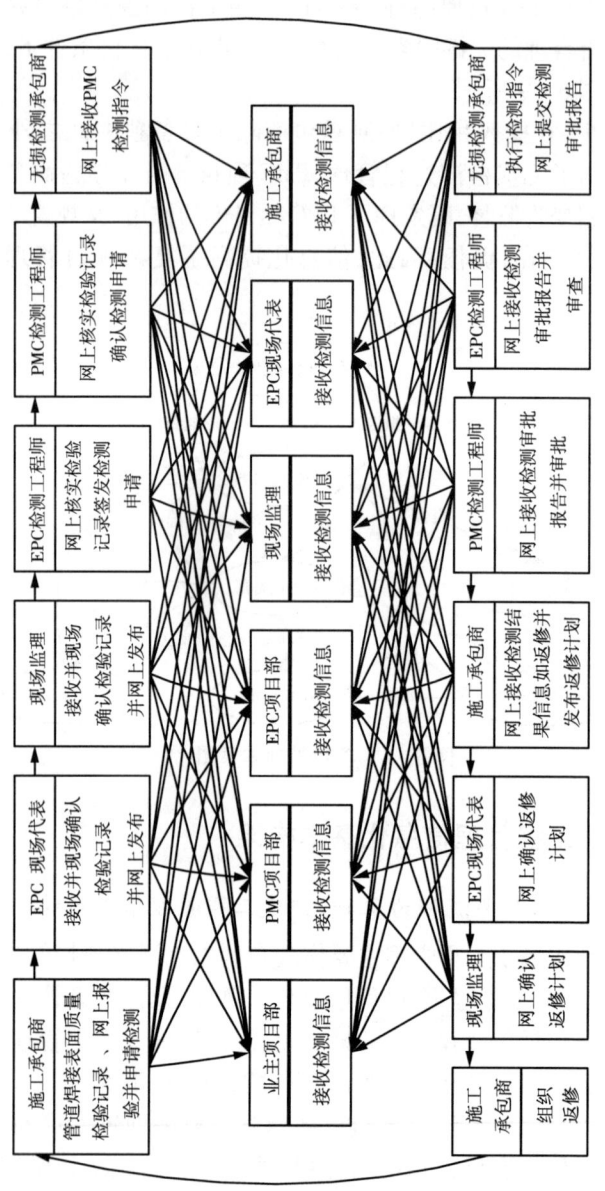

图6-9 EPC控制下的无损检测管理信息流

的业务内容与管理权限,设计出标准的管理接口,然后将其信息化,各管理节点负责各自界面范围内的管理,界面之间通过互联网衔接,既简化了各管理节点之简的业务传递管理,又能确保大型项目的标准化与程序化管理(图 6 – 10)。

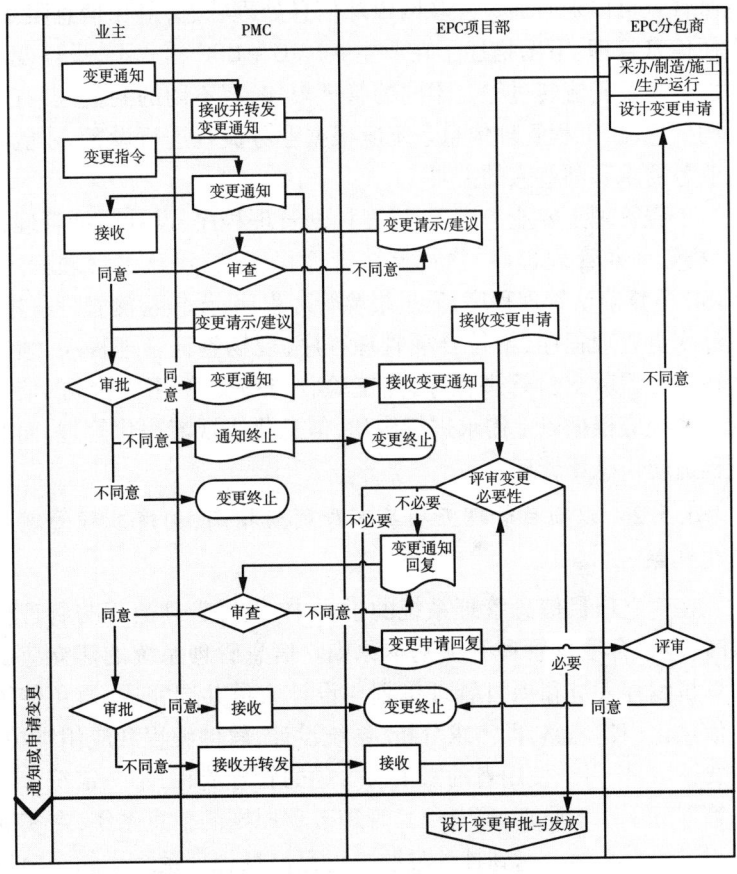

图 6 – 10　设计变更提出管理程序

根据设计变更业务流程分析,把设计变更分为设计变更提出管理和设计变更审批与发放管理。设计变更提出单位主要有业主、PMC、EPC 项目部和 EPC 分包商,涉及业主、提出单位和 EPC 项目部设计部门的利益,为此,必须征求利益方的意见和建议,各方达成一致意见之后,才能进入设计变更过程。设计变更要求信息和征求利益各方信息均可通过互联网进行,设计变更要求信息可以通过互联网随时发出,征求利益各方反馈信息随时可以收集,信息监督方可以随时通过互联网跟踪信息处理状态,避免信息阻塞,方便信息管理,下图描述了在业主+PMC+EPC模式下,设计变更提出信息及其流转过程。不同的管理模式,有不同的利益人,有不同的信息流,工程管理信息系统应根据业务流程进行设置,才能满足业务需求和利益人的需要。

工程管理主要业务流程:进度计划管理程序,设计图纸管理程序,物资采办管理程序,物资流转管理程序,工程开工管理程序,QHSE监督确认管理程序,质量报验管理程序,无损检测管理程序,设计变更管理程序,不符合项管理程序,现场签证管理程序,绩效考核与工程款支付管理程序,完工验收与移交管理程序等。信息管理系统应根据以上需求进行构建,信息化实现流程化管理,而非流程适应信息化管理。

6.5.2 以项目管理五项基本原则为指南,构建工程管理信息化构架

在建立项目信息管理系统的过程中,设置管理流程与管理权限时,应符合项目管理五项基本原则。信息管理系统的建立应由计算机编程人员和项目管理策划与设计人员共同完成,避免传统的信息化构建思路,即需求分析,系统设计,软件编程和应用维护。主要原因是,每个使用者的需求与希望的管理流程,不一定符合项目管理五项基本原则,违背项目管理五项原则的信息系统,在实际应用过程中必然会遇到种种难题。工程信息管理系统应基于项目管理策划与设计的结果进行构建,而不是依据某一管理者的需求构建,只有这样,管理系统才能符合管理实际需要,才能够推动项目管理水平的提高。

第 7 章

转型时期的文明冲突与管理融合

在简单项目管理向复杂项目管理的转变过程中,两种不同的思维模式必然会产生冲突,尤其是在当前简单项目管理思维模式占主导地位的情况下,推行适应现代大型工程管理特点的复杂项目管理模式如业主 + PMC + EPC 模式必然面临诸多困难。探讨两种管理模式存在的冲突原因,有助于推动复杂项目管理模式的开展。

7.1 合同授权的冲突与融合

7.1.1 简单项目与大型复杂项目过程管理合同执行的特点

简单项目管理由于项目规模小,合同的执行仅在合同双方主体责任人之间进行,一般不涉及其他各方。合同双方主体责任人一般在同一工作场所,合同中不完备之处,双方即时协调即达成一致意见,急时解决问题。因此,合同是否完备对合同执行影响小,合同执行过程中的冲突也相对较小。

在大型工程项目管理过程中,合同有四种执行方式(图 7 - 1)。即:合同主体责任人双方执行,例如业主与 PMC 之间,业主与 EPC 之间,EPC 与施工分包商之间的合同执行;合同主体责任人其中一方委托另一方负责合同执行管理,例如 PMC 服务合同,监理合同等;合同主体责任人其中一方转移给另一方代理方执行,例如采办代理合同,货物运输合同等;合同主体责任人之外的第三方执行,例如施工承包商协助处理设计变更,仓储单位接收制造厂商的物资等。

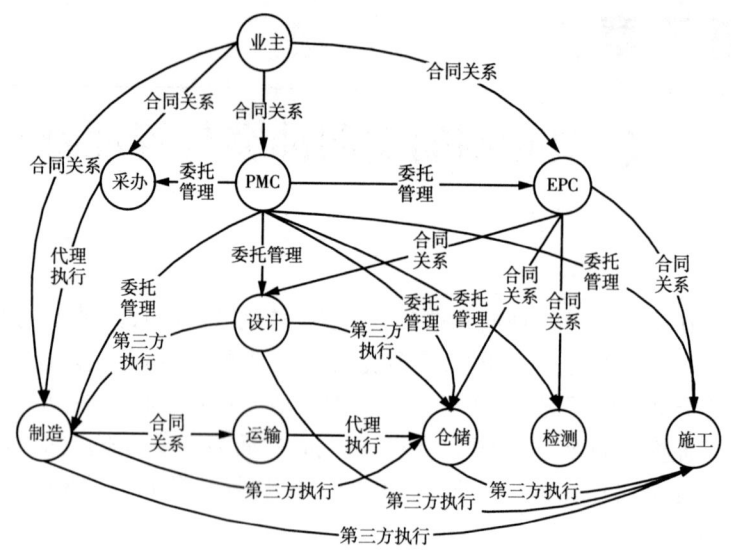

图 7-1 大型工程项目合同执行方式示意图

大型工程复杂项目管理中的合同不再只是合同双方执行,随工程规模扩大,合同双方主体责任人可能在不同的工作场所工作,如果合同不完备,参与合同的执行方,就可能利用合同的漏洞来获取利益,使得合同的履行变得困难。在简单项目管理过程中不存在的问题,而在大型项目管理过程中就变得不和谐。这种不和谐随着项目的大型化和管理的复杂化,冲突的影响表现得越明显,工程索赔的兴起,就是用简单项目管理方法解决复杂项目管理问题留下的后症。

大型复杂项目必须重视合同管理,合同应尽可能一次完整授权,对难以一次完整授权的部分应有相对应的管理程序和制衡措施。对于完整授权的合同,合同的签订标志着业主实施过程控制权的转移,监督权的启动。对于未完整授权的部分,合同的签订标志着业主与承包商实施过程中双方控制权与监督权的启动,业主与承包商的管理,如果缺乏管理程序和制衡措施,由于执行过程中的信息不对称性和承包商信息的优先性,往往对业主造成不利影响,在制衡措施中应有所保留,业主管理的主动地位有所放丢,激发承包商的积极性。

7.1.2 大型复杂项目管理合同授权冲突的根源与融合

简单项目管理与大型复杂项目管理的冲突主要存在于三个方面:一是要求合同授权尽可能一次完整;二是未完整授权部分形成业主与承包商共管理局面,在共同管理过程中,如果缺乏管理机制和制衡措施,业主往往处理不利地位;三是合同签订后,业主过程管理从控制权向监督、确认和考核等制衡权的转移。

完整的授权有利于业主与承包商双方在合同的约束下实施管理,实现一次性完整性授权的措施是开展项目管理策划与设计工作,削减业主与承包商之间控制权的交叉,促进业主与承包商做好各自范围内控制权的工作,从源头削减业主与承包商之间的管理冲突,减轻业主管理负担,提升承包商自我约束意识(图7-2)。

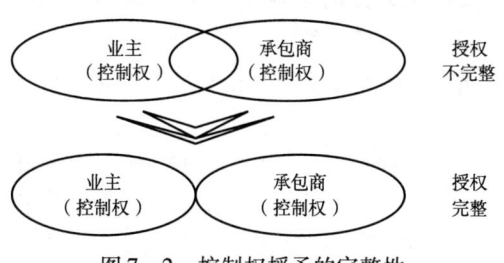

图7-2 控制权授予的完整性

对于不能一次完整性授权的管理内容,在项目管理策划与设计阶段,应以发扬优势、分散风险、互利共赢为目标。建立不确定性管理程序与制衡措施,明确管理流程上各自的控制权力与承担的责任,以业主适当的让利,换来业主的管理便利和更大的利益,防止承包商利用不确定性事件扩大工作量,使业主受损,而承包商获取利益。做好项目管理策划与设计工作,是解决过程管理冲突的最佳管理方法。例如，长输管道工程水工保护与水土保持工程量具有很大的不确定性，难于一次完整授权，为此，可以采取如下管理措施，发挥参与建设的各方积极，以加强工程管理。

以初步设计为基础，总量包干，区间单价，据实结算，超过投标总量部分，由 EPC 自行承担，以加强 EPC 对水工保护设计与施的管理，节约工程投资。为增强 EPC 的风险意识和约束意识，施工完毕后造成的水毁工程，一律由 EPC 承担一切返工费用（包括二次进场协调与用地费用）。属于保险范围的事项，由 EPC 向保险公司索赔，工程移交完毕后，应承担一个水毁期或风蚀期的保驾工作，EPC 应预留一定工程量，以供此期间增加水工保护用。水工保护按首次设计与施工计量，后续区间水毁增加的工程量或者更改的工程量不予计量，目的是提高 EPC 加强对设计管理，防止设计失误或者施工质量问题而增加工程量。现场工程量以图纸为基准，超过设计图纸数量，按设计图纸计量，低于设计图纸数量，按现场实际数量计量。业主的主要职责是审批设计方案和确认完工后的水工保护和水土保持工程质量与数量，这种管理措施，使业主从繁重的过程管理中解脱出来，又分清了业主与承包商的责任。通过以上管理程序和激励与约束制衡措施，促进了承包商加强自身管理，防止随意扩大工程量，引起投资浪费，化解了业主与承包商之间的管理冲突。

控制权在项目管理过程中不是一成不变，而是随着合同的签订而转移，与此同时产生了监督、确认和考核等制衡权。每一控制点的被控制者只应有唯一控制者，如果有两个或两个以上的控制者，就会造成管理不和谐。在项目合同执行过程中，业主、PMC 对 EPC 及其分包商的管理，不再是直接通过控制权来实施，而是通过监督、确认和考核等制衡权，促进 EPC 认清责任，促进 EPC 履行责任。在简单项目管理中，控制、监督、确认、协调和考核于一体，控制权转移，对项目管理影响有限。在大型复杂项目管理过程中，管理出现了控制与监督、确认的分离，如果缺乏对控制权转移的认识，往往会在合同签订后，依然强调控制权，不重视监督、确认与考核等制衡权的使用,从而产生管理冲突。正确认识大型复杂项目管理规律,转变管理观念,在合同签订后,把工作重心放在监督、确认与考核上就能够化解矛盾,促进管理融合。

7.2 管理效果与效率的冲突与融合

7.2.1 复杂化与管理效果

管理过程复杂化是为了追求管理秩序和提高管理效果,在图7-3所示的管理体系中,现场监理在作业现场发现了一项不符合项,有多种处置途径。

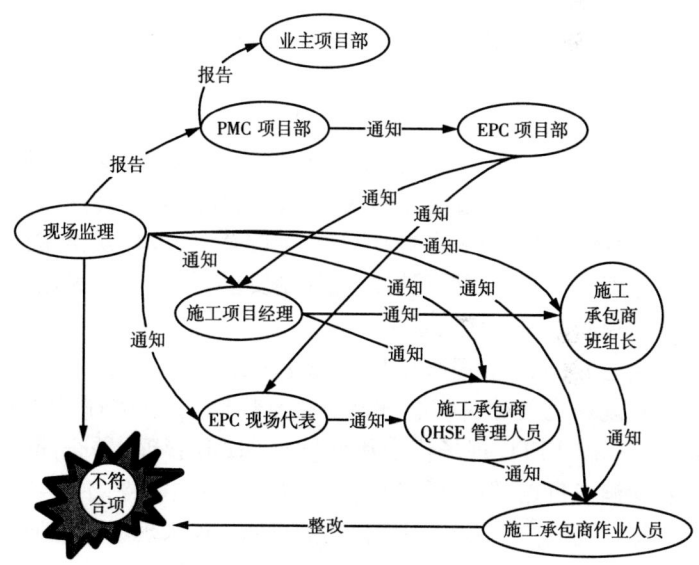

图7-3 不符合项不同管理方式与管理效果

途径之一:现场监理直接通知承包商作业人员

通过此种方式解决不符合项,现场监理免除各级管理人员的责任,未凭借PMC项目部及业主之势,不符合项的整改情况取决于作业人员的意愿。如果现场监理强制要求,可能产生管理冲突,难以达到现场监理的满意度。

途径之二:现场监理通知施工承包商 QHSE 管理人员

承包商 QHSE 管理人员对现场不符合项有监督权,现场监理通知承包商 QHSE 管理人员,说明 QHSE 管理人员监督工作还存在漏洞或盲点,但未凭借 PMC 项目部及业主之势,不符合项的整改通知情况取决于 QHSE 管理人员的意愿。如果现场监理强制要求,可能产生管理冲突,难以达到现场监理的满意度。

途径之三:现场监理通知施工承包商班组长

承包商班组长对现场不符合项有控制权,现场监理通知承包商班组长,说明班组长的控制工作还存在漏洞或盲点,但未凭借 PMC 项目部及业主之势,不符合项的整改通知情况取决于班组长的意愿。如果现场监理强制要求,可能产生管理冲突,难以达到现场监理的满意度。

途径之四:现场监理通知施工项目经理

施工项目经理对现场不符合项有控制权,现场监理通知施工项目经理,说明施工项目经理的控制工作还存在漏洞或盲点,但未凭借 PMC 项目部及业主之势,不符合项的整改通知情况取决于施工项目经理的意愿。如果现场监理强制要求,可能产生管理冲突,难以达到现场监理的满意度。

途径之五:现场监理通知 EPC 现场代表

EPC 现场代表对现场不符合项有监督权,现场监理通知 EPC 现场代表,说明 EPC 现场代表和承包商 QHSE 管理人员监督工作还存在漏洞或盲点,但未凭借 PMC 项目部及业主之势,不符合项的整改通知情况取决于 EPC 现场代表的意愿。如果现场监理强制要求,可能产生管理冲突,难以达到现场监理的满意度。

途径之六:现场监理通知 EPC 现场代表,同时报告 PMC 项目部

现场监理凭借 PMC 项目部之势开展监督工作,不用强制要求各方采取控制责任,PMC 项目部将不符合项报告给业主项目部。PMC 项目部凭借业主项目部之势开展工作,PMC 项目部通知 EPC 项目部,EPC 项目部要求施工项目经理履行控制责任,要求 EPC 现

场代表履行监督责任。这样现场不符合项不仅仅是不符合项,而是一种未尽义务的责任,此种管理方式是一种正确的选择。大型项目管理层次多,参与人员多,正确选择管理途径既有利于提高管理的效果,又能避免管理的冲突。

把复杂的事物随意简单化处理,往往会出现超越权限,超越程序,自以为是,固步自封,不受约束,导致冲突,引起管理不和谐(图7-4)。

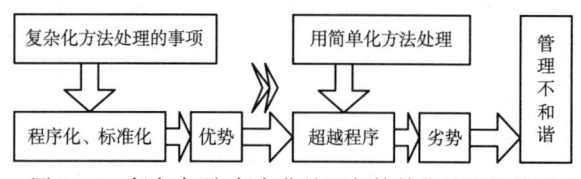

图7-4 复杂事项,复杂化处理与简单化处理的关系

复杂化管理应根据控制依权、监督依势、确认依规、考核依约的管理原则进行,不越权指挥、不越权指令、不越权决策,主动监督、主动报告、主动造势,形成一种良好的管理氛围(图7-5)。

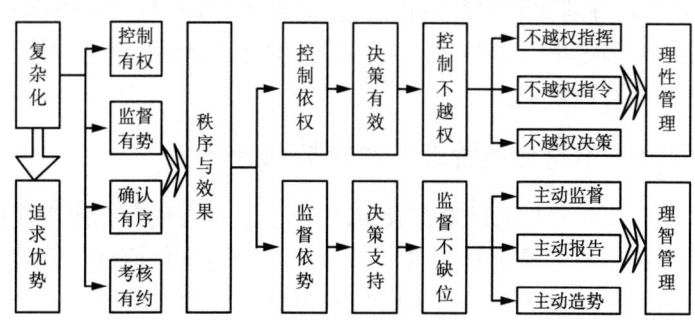

图7-5 复杂化管理意示图

7.2.2 简单化与管理效率

简单化的目的是为了追求管理快捷与效率。简单化的方法主要有:标准化、模板化、法治化和交流培训,其中,标准化、模板化和

法治化是交流培训的基础,交流培训是实现标准化、模板化和法治化管理的重要途径。

在简单化处理工程管理事项的过程中,存在的主要冲突是缺乏规则下的简单化,造成管理散漫,出现管理杂乱无序,因此,简单化必须以标准化、模板化和法治化为基础(图7-6)。

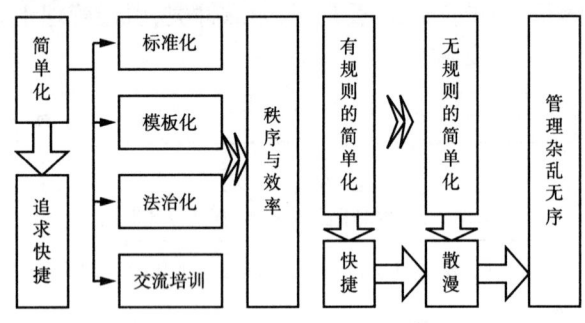

图7-6 简单化管理意示图

简单化遇于复杂化之中,依赖于复杂化而存在。在上述事例中,现场监理通知 EPC 现场代表,就是通过简单化处理来提高不符合项的管理效率,向 PMC 项目部报告,就是通过履行复杂的管理程序来提高管理效果。

7.3 不符合项管理的冲突与融合

现代工程管理的风险客观性,决定了不符合项存在的客观性。在一般施工监理模式中,业主授权现场监理对承包商进行管理,业主项目部不希望在项目实施过程中出现不符合项,现场监理往往倾向于当现场存在不符合项时,及时与承包商协调解决,避免让业主项目部知悉。业主项目部发现现场不符合项时,往往认为现场监理管理不到位,要求现场监理加强管理。如果缺乏正确的不符合项管理观念,不符合项往往造成业主项目部、现场监理与承包商项目部三方管理的博弈,成为三方管理冲突的根源。随着项目管理复杂程度的增加,参与管理各方的博弈更加复杂化,给工程留下了更大的风险。

不符合项是承包商管理不完善的客观反映,在一般施工监理模式中,对不符合项的报告或者通知有三种选择:其一,只通知承包商,承包商可能接受或不接受,可能整改或不整改,这种选择是具有一定风险处置不符合项的管理方式,缺乏经验的承包商往往会采取不接受的方式处置,而具有经验的承包商往往会感谢现场监理的告示,至于不符合项如何处置,则由承包商项目部根据自身利益的判断做出决定;其二,只报告业主,如果业主希望在承包商中建立威信,会乐于见到现场监理的报告,如果业主权衡各方利益,也可能对现场监理作出不利反应,这种选择也是具有一定风险处置不符合项的管理方式;其三,通知承包商,报告业主,通知承包商的目的是要求承包商尽快处置不符合项,防止事态扩大,避免造成承包商更大的损失,通知承包商也是为了承包商的利益,显示现场监理积极处置现场不符合项,服务于承包商,报告业主的目的是引起业主关注,承包商管理还有不完善之处,如果承包商不加以改善,会影响业主目标的实现,显示现场监理希望得到业主的支持,也是对业主的尊重。不符合项的通知与报告应常态化,只有这样才能得到承包商的理解和业主的支持,非常态化的管理,也是危险的管理,对现场监理最有利的管理方式是逢错必报,也是避免冲突,促进融合的有效方式。

在业主+PMC+EPC管理模式中,现场监理发现的不符合项应通知EPC代表并报告PMC项目部。PMC项目部应通知EPC项目部并报告业主,EPC代表应将收到的通知或者发现的不符合项,报告EPC项目部并通知EPC分包商,形成逢错必报,有错必纠,知错必改的良性管理。

7.4 传统管理观念与信息化管理观念的冲突与融合

传统项目管理的管理环节少,信息量少,面对面、传真和电话之间的协调就能满足管理需要。而现代大型复杂项目,由于管理的分工和项目大型化的影响,促进了简单项目管理向复杂项目管理转变,传统项目管理向现代项目管理转变,项目实施过程中的决策更加依赖于信息。参与项目管理的每一个成员都是现代工程信息化管理流水线的节点,是信息的收集者、使用者和传递者,传统的信息终极者必然难以适应大型复杂项目管理的需要。只有适应现代工程信息化管理流水线的需要,主动收集信息、主动使用信息、主动发布信息,才能使现代工程信息化管理流水线正常运行。

现代工程信息化管理系统是一个开放式的管理系统,是适应项目管理需求的系统,不是管理适应信息化系统。项目管理人员应参与信息系统的开发,主动提出管理需求,为管理标准化、模板化、程序化提供支持,通过开发和应用信息系统提高管理工作效果与效率。传统项目管理向现代工程项目管理的转变,必须提高对信息化管理的认识,努力实施信息化管理观念,才能满足现代工程管理需要。

7.5 PMC、EPC 兴起与管理博弈

7.5.1 PMC 与 EPC 模式的兴起

随着工程项目大型化方向发展,管理出现了分工。项目管理由简单模式向复杂模式转变,由自足自给的管理方式向依赖于外部环境的管理方式转变。项目风险越来越大,管理过程越来越复杂,管理效益也越来越明显,出现了 PMC、EPC 管理模式,吸引了越来越多优秀的人才参与项目管理工作,激起了人才竞争和市场竞争,这将促进 PMC、EPC 管理模式的兴起。

人才和市场是社会发展的根本动力。当前 EPC 模式的现状是以包代管,逾越程序的乐园,各自为政,追求各自利益最大化。随着互联网信息化管理系统在项目管理中的应用,EPC 模式以社会化大生产为条件、以互利共赢为基础、以平等制约为原则、统筹项目协调运作、满足各方管理需求和实现整体利益最优化的运行机制即将表现出来。随着对 HSE、质量、进度与效益的不断追求,对风险意识与责任意识的不断增长,EPC 运行机制的不断推动,未来的 EPC 模式必然是设计、采办、施工、试运等管理内容一体化运作,

严格执行各种管理程序的典范,实施标准化、模板化管理,追求完美与互利共赢,EPC模式的兴起是社会发展的必然产物(图7-7)。

设计、采办、施工企业的整合与集团化发展打破了传统业主依靠独立的设计、采办、施工企业提供服务的老路,工程技术与管理人员更加依赖于设计、采办、施工整合的集团企业而存在,集团企业也为工程技术与管理人员提供了广阔的发展空间。随着EPC管理团队人员素质的不断提高,技术与管理能力不断加强,也给业主项目管理团队提出了挑战。传统依赖于个人经验与感性的管理,难于应对EPC管理团队不断增长的能力挑战,专业化的项目管理团队PMC应运而生。

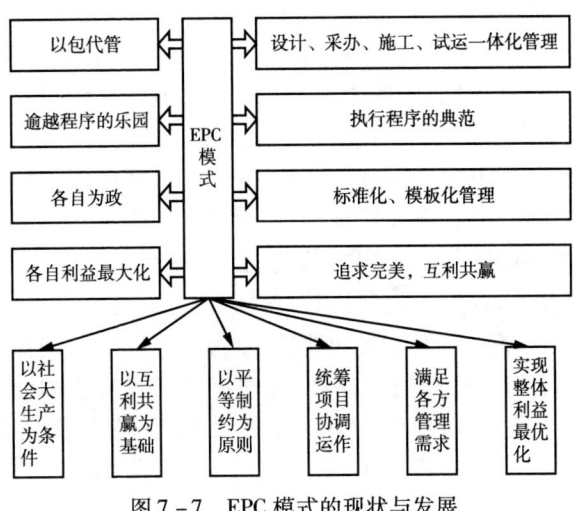

图7-7 EPC模式的现状与发展

7.5.2 管理博弈推动了PMC与EPC模式的发展

EPC管理模式的出现,减轻了业主的工作量,同时,也对业主的管理水平提出了更高要求。业主与PMC对EPC的项目管理方案,就如同一杆秤,EPC如同被秤的物体,业主与PMC如同秤砣,在确定性管理条件下,双方不需要调节措施。在EPC模式下,EPC根据项目风险和项目进展进行不断调节,而监理没有制衡措施,只有被动随EPC的调节而不断增加管理强度。随着监理管理强度增加，EPC只有适当退出，才能保证管理平衡，造成监理的过度管理，而EPC管理不足，导致项目风险不断发生。在项目实施过程中，业主＋PMC与EPC平衡的管理是最适宜的管理，非平衡的管理会产生过多的冲突，并造就不负责任的管理者，必然给项目的实施带来更大的风险。

EPC管理模式对传统管理模式思维方式的挑战主要体现在：对EPC交钥匙工程管理认识不足，没有认识到EPC管理模式不是降低了业主的要求，而提高了业主的管理要求，面对提高的要求，业主反应往往是措手不及；对业主决策内容与能力认识不足，在传统分阶段决策过程中，业主依赖于专家的思想，在EPC模式中，项目策划是一个动态过程，如果缺乏专家队伍的支持，业主决策将难于满足项目的进展要求；对EPC边值条件认识不足，往往不能准确确定EPC的工作范围，从而引起EPC的索赔；对EPC的制衡认识不足，没有认识到制衡对EPC的管理作用，没有把握对EPC管理的主动权，造成管理被动；对前期工作重视不足，以简单项目管理思维模式对应EPC管理，没有开展有针对性的项目管理策划与设计，以致于在项目管理过程缺乏管理依据。由于EPC的挑战，往往使业主处于被动地位，掌握项目发包权的业主，往往不愿意推行EPC管理模式，EPC管理模式发展的波动性，就验证了这一点。推行EPC管理模式，必须推行PMC管理模式，以PMC专业化管理博弈EPC专业化管理，以降低对业主的管理要求。

在项目管理前期，业主与PMC策划对EPC的管理，就是根据业主与PMC的管理投入和要求EPC的管理投入，设计出对EPC的制衡措施与EPC的反制衡措施，在制定措施时，既要考虑调动EPC的积极性，又要削减业主与PMC的工作数量，以便EPC有足够的优化空间，提升业主＋PMC＋EPC管理模式的经济效益。

一个好的项目管理方案，B点到O点的距离应适当，以便A随B的变化时，项目运行有足够的稳定性，对B的制衡措施应随B的管理强度增加而增加,从而保证A(业主+PMC)的管理强度有适当的稳定性(图7-8)。

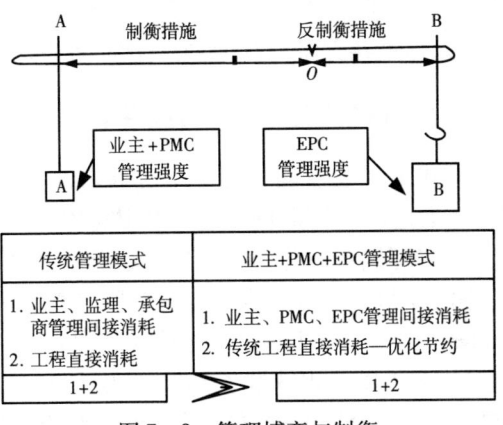

图7-8 管理博弈与制衡

在业主+PMC+EPC管理模下,如果随着EPC管理强度增加,业主+PMC管理强度也随之增加,就会增加社会资源的消耗,或者,业主+PMC管理强度增加,要求EPC管理强度也随之增加,如果优化低于社会资源消耗的增加,这类管理方案都不是有效的管理方案。业主与PMC提升对EPC的管理水平,重点是制衡措施,而不是增加资源投入。只有这样才能推动PMC加强制衡措施的开发,EPC加强项目优化措施的应用,共同节约社会资源,不断推进项目管理的发展。

7.5.3 管理平衡,削减冲突,促进和谐

业主+PMC与EPC管理处于平衡状态,有利于发挥各方积极性和主动性,无论哪一方处于强势,都会破坏平衡,使项目管理处理无序状态。实践证明,不平衡的管理,是冲突的源泉,是事故频发的根源。管理平衡对各方有利,否则,暂时对某一方有利,但总体结果对各方不利,强势的业主或者强势的EPC,都没有成功的管理。业主是促进项目管理平衡的重要力量,PMC是平衡的推动者。实践证明,理性的业主,规范的PMC造就负责的承包商。

在项目管理过程中,业主应通过其势来调节管理平衡,PMC 应通过规范来促进管理平衡,如制定标准化、模板化的管理文件,推动各方规范化管理。通过交流培训,提升各方管理能力,增加平衡动力。通过考核,促进各方履行责任,为平衡注入力量。

7.6 施工监理模式与 EPC 的冲突,PMC 管理的优势

施工监理模式是现场监理与施工承包商之间直接发生联系,业主的控制指令通过现场监理向承包商传达。在 EPC 模式下,如果继续按照施工监理模式运作,现场监理与施工承包商之间直接发生联系,业主的控制指令通过项目监理部后之就有两条渠道,第一条:由项目监理部向现场监理,再由现场监理向 EPC 分包商传达。显然,这种指令传递方式越过了 EPC,如果 EPC 分包商认为指令对自身不利且不符合合同要求,在未能收到 EPC 指令之前,可能不会执行现场监理传达的指令,当发现指令对自身有利,尽管不符合合同要求,EPC 分包商会主动执行指令,使得 EPC 分包商根据处自身利益决定是否执行业主指令。第二条:由项目监理部向现场监理传达,同时向 EPC 传达,再由 EPC 向 EPC 分包商传达。在这种情况下,EPC 只传达指令,当指令对 EPC 分包商不利时,往往会作出延期收到的解释,对指令的执行情况,往往缺乏必要的监督渠道。项目监理部由于有现场监理的信息收集渠道,对指令的执行情况往往比 EPC 更清楚,在客观上形成 EPC 以包代管,现场监理以管代包的现象,施工监理认为 EPC 不负责任,EPC 认为施工监理缺乏管理水平,从而造成施工监理与 EPC 的冲突。造成这一客观现象的根本原因是只引入了 EPC 管理制度,而未引入对 EPC 的管理机制。

《吕氏春秋》中有一个典故:楚人有涉江者,其剑自舟中坠于水。遽契其舟,曰:"是吾剑之所从坠。"舟止,从其所契者入水求之。舟已行矣,而剑不行。求剑若此,不亦惑乎! 这就是"刻舟求剑"。

如果把施工承包比作静止不动的一条船,EPC 分包商就是一条运动的船,如果继续用施工监理的方法管理 EPC 分包商,就无异于刻舟求剑。目前,项目管理模式正处于不断的变化之中(图 7-9)。

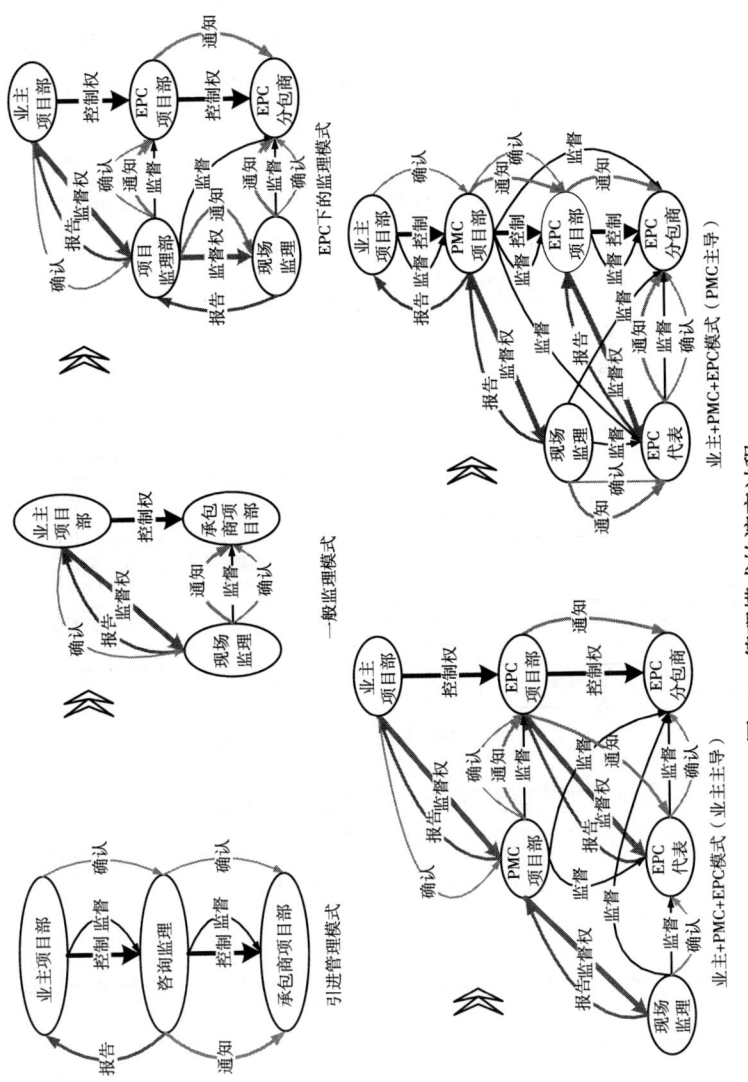

图7-9 管理模式的演变过程

传统的管理方法是相对确定性的管理方法,而 EPC 管理模式是相对非确定性的管理方法。传统的监理管理适用于相对确定性的管理,不适用于相对非确定性的管理,用传统监理管理 EPC 就是用相对确定性的管理方法应对相对非确定性的管理,必然造成生产双方不适应,管理不顺畅。

PMC 与 EPC 是大型复杂项目管理发展的产物,PMC 与 EPC 相伴而生、而行,是风险管理应对风险管理。成功的 EPC 一定存在成功的 PMC,成功的 PMC 一定会产生成功的 EPC。没有 PMC 也难有 EPC 的成功,没有 EPC,PMC 策划的项目管理关联风险就失去承担方,PMC 也难以发挥应有的作用。PMC 在业主 + PMC + EPC 管理模式的作用如图 7-10 所示。

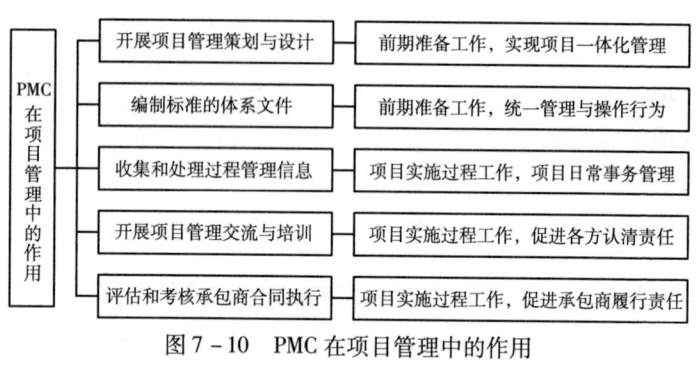

图 7-10　PMC 在项目管理中的作用

PMC 项目管理中的优势主要体现在:系统完整地开展项目管理策划,建立彼此约束、互利共赢的管理机制,合理配置与整合资源,施行集约化、专业化和一体化管理,促进信息互通、知识共享、强化责任、提升效果。

7.7　总结、交流、培训和考核是解决冲突,促进管理融合的有效方法

7.7.1　总结提高认识

项目管理是将项目管理规律与现实管理不断比较,并利用项

目管理规律不断改造现实管理的过程,只有不断总结,不断改造,项目管理才会持续改进,不断提高。没有总结,就难于把具体工作与项目管理规律有机结合,新思想、新方法就难于深入人心,更不能可有创造思维,适应不断变化的客观现实。总结是促进管理融合的第一步。

7.7.2 交流扩大影响

交流是促进项目管理平衡的重要方法,工程项目管理是一个或多个管理群体的集体活动,只有加强交流,才能影响整个管理群体,让先进的思想文化影响群体中的积极成员,让群体中的积极成员再去影响其他成员,让一个或多个管理群体发挥更大的作用,用积极的力量,推动项目管理的发展。

7.7.3 培训与考核促进观念的转变

项目管理发展的内在动力是人,项目管理融合从人开始,提升个人或群体的能力,促进观念转变,提高项目管理水平。培训提升能力,考核促进自我认识,培训与考核已成为项目管理的重要方法和实现以人为本的根本途径,促进项目管理平衡的重要方法,图7-11为交流培训在项目管理中的作用。

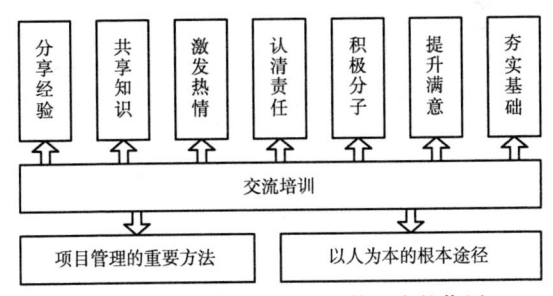

图7-11 交流培训在项目管理中的作用

转型时期,转换思想观念是核心,技术与管理实力是基础,只有努力提升技术与管理实力,更新思想观念,才能扩大影响,否则,必然面临着内部与外部冲突,这些冲突必然阻碍前进的步伐。当面临冲突时,应跳出传统的感性思维方式,理性地思考冲突的根本原因,打开理性的闸门,避免采取过激的措施。为他人、为社会造成积极的影响。一盏明灯,能够照亮人的心灵,为自己播下了一颗提升自身优势的种子。一个过激的行动,是自己一边想努力建造一座宏伟的大厦,一边自己破坏大厦的基础,再美丽的梦想,难成现实。理性是以文化为基础,感性是直觉的表现,没有文化难以理性。从事工程技术的管理人员,如果不注重文化的陶冶,随着职位的上升,对社会的不利影响也会随之而增,加强先进文化的学习,也是面临的突出矛盾。

每一个人都希望自己是一个成功者,每一个团队都希望是一个具有战斗力、团结、和谐的团队,每一个团队都希望有一个英明的领导,每一个领导都希望团队的每一个成员精明、能干,每一个单位都希望所从事的每一个项目顺利成功。希望就是一种对自己、对他人的责任,就是用理性、理知、机谨、机智代替感性。

为了迎接社会转型时期文明冲突的挑战,应以开放启迪进步,文化发展优势。交流促进互信,约束造就和谐,合作实现共赢为宗旨。传播先进管理观念,实现以先进的理念影响人,以先进的行动感召人,以先进的事例说服人,以先进的文化吸引人,不断提升自身实力,为项目管理的发展做出更大的贡献!